山东省社会科学规划研究项目"制度环境、终极控制与现金股利政策实证研究"（14CGLJ53）资金资助

德州学院人才引进项目"基于终极所有权结构视角的现金股利政策实证研究"（2016SKRC01）阶段性成果

德州学院重点学科培植课题资金资助

制度环境、
终极控制与现金股利政策
实证研究

杨颖 ◎ 著

中国社会科学出版社

图书在版编目（CIP）数据

制度环境、终极控制与现金股利政策实证研究/杨颖著.—北京：中国社会科学出版社，2018.8
ISBN 978-7-5203-2837-1

Ⅰ.①制⋯ Ⅱ.①杨⋯ Ⅲ.①上市公司—股利政策—研究 Ⅳ.①F276.6

中国版本图书馆 CIP 数据核字（2018）第 160968 号

出 版 人	赵剑英
责任编辑	刘晓红
责任校对	王纪慧
责任印制	戴 宽

出　　版	中国社会科学出版社
社　　址	北京鼓楼西大街甲 158 号
邮　　编	100720
网　　址	http：//www.csspw.cn
发 行 部	010－84083685
门 市 部	010－84029450
经　　销	新华书店及其他书店
印　　刷	北京明恒达印务有限公司
装　　订	廊坊市广阳区广增装订厂
版　　次	2018 年 8 月第 1 版
印　　次	2018 年 8 月第 1 次印刷
开　　本	710×1000　1/16
印　　张	13.25
插　　页	2
字　　数	192 千字
定　　价	58.00 元

凡购买中国社会科学出版社图书，如有质量问题请与本社营销中心联系调换
电话：010－84083683
版权所有　侵权必究

摘　要

　　股利政策是上市公司留存收益分配的财务策略，关系到融资政策的选择和对股东投资的回报，对公司股票市价和市场形象产生巨大影响，是衡量公司经营业绩及其成长的一个重要尺度。理性的股利政策向证券市场传递了有效信息，引导投资者资金流向，保证了资本市场的有效性。因此，长期以来股利政策都是公司财务领域研究的重点。而我国特殊制度背景所带来的复杂代理问题的现状，为基于代理成本理论的现金股利政策的研究提供了良好的素材。同时资本市场上大量异常现金股利政策的出现也使得基于代理成本理论的现金股利政策的研究成为这一领域内研究的重点。虽然学者们已经开展了大量研究，形成了许多成果，但却未能达成共识，新现象不断出现。尤其是自终极控制人概念被提出后，研究的视角就从传统的股权结构向终极所有权结构转变，终极所有权结构与现金股利政策关系的研究已成为近年来现金股利政策研究领域内的重要内容。考察已有相关研究可以发现，研究的视角主要集中于终极所有权结构这一微观治理变量，综合考虑微观和宏观两个方面变量的共同作用机制的研究还有待深入，正是基于这样的研究现状和实践需要，本书选择终极所有权结构与现金股利政策的关系为研究对象，深入探讨终极所有权结构对现金股利政策的影响机制，旨在进一步揭示控制我国资本市场现金股利政策的关键因素。通过本书的研究，实现了对现金股利代理成本理论的进一步拓展，从而使本书具有了较高的理论价值。同时，本书的研究也具有三方面的实践价值：其一，在明确终极所有权结构影响机制的前提下，可以设计更为合理的所有权结构引导公司的现金股利分配趋于理性化，不仅体现了公司控制权治理机制的科学效应，也体现了对公治理机制的完善；其二，随着上市公司治理机制的完善和现金股利的理性分配，资本市场获得更为真实、有效的信息，投资者据此作出的投资决策将日益合理，这将促进资金的有效配置，从而使资本市场整体有效性得以提升；其三，本书关于宏观制度是否发挥作用的检验为政策实施效果提供了有力的证据，为发现已实施政策存在的问题和是否发生了偏离提供了依据，因此可以提出政策改进的合理建议，以促进宏观政策制定、实施、反馈和调整的科学性，保证宏观调控目标的实现，促进宏观经济的健康运行。

本书从终极所有权结构这一微观视角切入，同时引入投资者法律保护和股权分置改革两个宏观制度环境关键变量，在尝试形成一个系统研究框架的基础上，运用规范研究和实证研究方法，通过开展文献梳理、理论模型构建和实证检验的各项研究工作，系统深入地探讨了终极所有权结构与现金股利支付意愿和支付水平的关系，检验了投资者法律保护与现金股利政策的关系，验证了投资者法律保护是否改变了终极所有权结构与现金股利政策的关系，探讨了股权分置改革是否发挥了治理效应弱化了终极所有权结构对现金股利政策的控制力，形成了制度环境这一宏观变量对现金股利政策的影响和对终极控制结构与现金股利政策二者关系影响的实证检验。基于上述实证检验，提出了今后资本市场相关政策完善和调整的建议。

通过文献综述的规范研究、理论模型的构建和研究假设检验的实证分析，本书最终形成宏观和微观两个层面的重要结论。微观层面形成以下四个重要结论。第一，终极控制人的现金流权与派现意愿和派现水平存在较为稳定的显著正相关关系，体现了所有权对现金股利的激励机制。第二，控制权与派现意愿呈现出显著倒"U"形关系，但与派现水平却呈现"U"形关系。这是终极控制人在不同的控制权水平状况下权衡的结果。第三，分离度与派现意愿和派现水平不存在显著相关性，终极控制人的国有属性表现出对派发现金股利的偏好，在现金股利支付水平的具体决策中，国有属性的终极控制人更关注现金股利支付的相对水平，而不是绝对水平。第四，其他利益侵占行为与现金股利支付意愿和支付水平之间不存在显著的负相关关系，即现金股利政策与其他利益侵占行为之间不存在显著的竞争关系，上市公司的现金股利政策不是终极控制人实施利益侵占的工具而是终极控制人掩饰其他利益侵占行为的面具。宏观层面形成以下三个重要结论。第一，投资者法律保护与现金股利政策的关系既不体现结果模型也不体现替代模型，投资者法律保护制度反而被终极控制人所利用，掩饰其实施的其他利益侵占行为；第二，投资者法律保护与现金股利政策的关系及其对终极所有权结构与现金股利政策关系的影响具有显著地区差异性；第三，股权分置改革改变了原有股票流动性分裂的制度环境，从根本上实现了"同股同权、同股同价"，但却没有使终极控制人失去对上市公司的控制权。股权分置改革后，终极控制人的两权分离现象更显著，分离度更高，这使得股改并没有实质上影响到终极所有权结构与现金股利政策的关系，只是改变了终极所有权结构对现金股利政策的影响机制。股权分置改革虽然在一定程度上削弱了国有属性对现金股利偏好的动机，但股改后的现金股利政策仍旧是终极控制人在不同利益获取方式之间权衡的结果，只是利益获取方式和他们的获取成本发生了变化。

关键词：制度环境；终极所有权结构；现金流权；控制权；现金股利政策

Abstract

Dividend policy is the financial strategy for the listed company's retained earnings distribution which relates to the choice of the financing policy and investment returns for shareholders and can affect the company's stock market price and market image. Soit is an important measure for the performance and growth of corporation. Rational dividend policy transfers the effective information to the securities market, guiding the investors money flows and ensuring the effectiveness of the capital market. Therefore, dividend policy is the focus of the researches on the company's financial for a long time. But Chinese present situation of complex agency problem because of special system background has provided a good material for cash dividend studies based on agency cost theory. At the same time the emergence of a large number of abnormal cash dividend policy has also made it become the focus of research in this area. Although the scholars have conducted extensive research and formed many achievements, they have not reached a consensus and new phenomenon appear constantly. Especially since the ultimate control concept is proposed, the research angle changes from the traditional ownership structure to the ultimate ownership structure, the relationship between the ultimate ownership structure and cash dividend policy has been the important studying content in this field. Reviewing related research, we can find hat the existing researches mainly focus on the ultimate ownership structure, which is the microscopic governance variables. The study considering both micro and macro variable's mechanism remains to be further. Based on the current research status and practical needs, this paper chooses the relationship between the ultimate ownership structure and cash dividend policy as the research object, exploring the ultimate ownership structure's impact on cash dividend policy and then revealing the key factors which affect the cash dividend policy of capital market in China. Through the study of this article, the agency cost theory of cash dividend has been further developed, which makes this paper has a higher theoretical value. At the same time, this article also has the three aspects practical value. Firstly, on the premise of knowing the ultimate ownership structure's impact mechanism, we can design more reasonable ownership structure to guide the company's cash dividend distribution to be more rational. This can not only embody the scientific effect of company governance mechanism of control right, and also reflect on the perfection of corporate governance mechanisms; Secondly, with the improvement of the governance mechanism of listed companies and the rationality of cash dividend distribution, the capital market can obtain more real and effective information and investors can make more reasonable investment decisions accordingly. It will promote the effective allocation of funds, so that to improve the overall effectiveness of capital market; Thirdly, this paper provides the strong evidence of policy implementation effect and it can be useful to find the problems existing in the policy and provide the evidence for the deviation happened. Then we can put forward the reasonable suggestions in order to promote the adjustment of macroeconomic policy formulation, implementation and feedback more scientific, and ensure to achieve the goals of macroeconomic regulation and control, to promote the healthy operation of macro economy.

This paper chooses the ultimate ownership structure as the aspects to study the cash dividend puzzle of our country's listed company in－depth and system. At the same time by introducing two key variables of macroeconomic environment, based on building a studying system this paper uses the normative research and empirical research way to do the literature review、theoretical model form and empirical analysis. This paper talks about the relationship between the ultimate ownership structure and cash dividend policy. And tests the relationship between the legal protection for investors and cash dividend policy. Also testing that whether the legal protection for investors affects the relationship between the ultimate ownership structure and cash dividend policy. At the same time analyzes that whether equity division reform plays the governance effect and weakens the ultimate ownership structure's control ability for cash dividend policy. At last, this paper puts forward some related policy suggestions.

Through the normative research for literature review、establishment for theoretical model and empirical analysis for theoretical assumptions, this paper finally forms important conclusions for the macro and micro aspects. The microaspect has formed the following four conclusions. The first, cash flow right has the relatively stable significant positive correlation with cash dividend paying will and level, which embodies the incentive mechanism of ownership right for cash dividend. The second, control right has the significant inverted U relationship with cash dividend paying will, but u – shaped relationship with the cash dividend paying level. This is the balanced outcome when the ultimate control person is in different levels of control right. The third, the separate degree has no significant correlationship with the cash dividend paying will and level. The state – owned properties of ultimate control person shows a preference for distributing cash dividends. In the decision – making of the cash dividend paying level, the state – owned properties of ultimate control person pay more attention to relative levels of cash dividend payment, rather than the absolute level. The forth, there is no significant negative relationship between cash dividend policy and other embezzlement, that is mean the cash dividend policy has no significant competitive relationship with other embezzlement, so cash dividend policy of listed companies is the mask for the ultimate control people to hide other benefit expropriation behaviors. The macroaspect has formed the following three conclusions. The first, the relationship between legal protection for investors and cash dividend policy in our country does not reflect the resulting model or alternative model. The institutes of legal protection for investors have been used by the ultimate control person to conceal their other benefit expropriation behavior. The second, the relationship between the legal protection for investors and cash dividend policy exits the significant regional differences. And also is the same for the effect of investor legal protection to the relationship between ultimate ownership structure and cash dividend policy. The third, equity division reform has changed the institutional environment of splited stock liquidity and fundamentally achieves the aim that with the same share should have the same right and price. But it does not change the final control people's control over listed companies. After the equity division reform the two rights separation phenomenon is more significant and separating degree is higher. This makes the equity division reform does not substantially affect the relationship between the ultimate ownership structure and cash dividend policy, just changes the impact mechanism of the ultimate ownership structure on cash dividend policy. Although the equity division reform weakens the motivation of state – owned properties on cash dividend preference to a certain extent, but after the reform the cash dividend policy is still the balanced outcome for the ultimate control people between different interests gotten ways. The only change is the benefit access way and the costs.

Key words: System Environment; The Ultimate Ownership Structure; Cash Flow Rights; Control Right; Cash Dividend Policy

目 录

第一章 导论 ... 1

第一节 研究背景与研究意义 ... 1
一 研究背景 ... 1
二 研究意义 ... 5

第二节 研究内容与框架结构 ... 7
一 研究内容 ... 7
二 框架结构 ... 9

第三节 研究思路与研究方法 ... 10
一 研究思路 ... 10
二 研究方法 ... 11

第四节 研究难点和创新点 ... 11
一 研究难点 ... 11
二 创新点 ... 12

第二章 概念界定及文献综述 ... 13

第一节 重要概念的界定 ... 13
一 现金股利政策 ... 13
二 终极控制人 ... 14
三 终极控制权 ... 14
四 现金流权 ... 14
五 终极所有权结构 ... 14

第二节 股利政策及现金股利政策理论演变的文献综述 ... 15

一　股利政策理论演变文献回顾……………………………………15
　　　二　现金股利政策理论演变文献回顾…………………………………24
　第三节　终极所有权结构理论发展及其与现金股利政策
　　　　　关系的文献综述………………………………………………29
　　　一　国外研究动态……………………………………………………29
　　　二　国内研究动态……………………………………………………32
　第四节　投资者法律保护、终极所有权结构与现金股利政策
　　　　　关系的文献综述………………………………………………33
　第五节　本章小结………………………………………………………35

第三章　终极所有权结构与现金股利政策特征统计分析……………37

　第一节　现金股利政策特征的统计分析………………………………37
　　　一　样本说明…………………………………………………………37
　　　二　现金股利政策特征统计分析……………………………………38
　第二节　终极所有权结构特征统计分析………………………………54
　　　一　样本说明…………………………………………………………54
　　　二　终极所有权结构特征的统计结果分析…………………………55
　第三节　本章小结………………………………………………………70

第四章　终极所有权结构与现金股利政策关系模型构建……………72

　第一节　终极所有权结构的理论分析框架回顾………………………72
　第二节　基于利益侵占假说的现金股利政策理论分析框架
　　　　　回顾………………………………………………………………74
　第三节　终极所有权结构与现金股利政策关系的模型
　　　　　构建………………………………………………………………76
　　　一　LLSV 模型概述…………………………………………………76
　　　二　终极所有权结构与现金股利政策关系的模型
　　　　　构建………………………………………………………………77

第五章　终极所有权结构与现金股利政策关系的实证分析 ………… 83

第一节　引言 ……………………………………………………… 83
第二节　理论分析及研究假设 …………………………………… 84
第三节　研究方法 ………………………………………………… 88
　　一　样本的选取及数据筛选原则 ……………………………… 88
　　二　变量描述及模型设定 ……………………………………… 89
　　三　全样本主要变量的描述性统计 …………………………… 91
第四节　检验结果分析 …………………………………………… 92
　　一　终极所有权结构与派现意愿、派现水平关系的检验
　　　　结果分析 …………………………………………………… 92
　　二　现金股利：利益侵占的工具或是掩饰利益侵占的
　　　　面具 ………………………………………………………… 103
第五节　本章小结 ………………………………………………… 108

第六章　投资者法律保护背景下终极所有权结构与现金股利政策关系的实证分析 …………………………………… 111

第一节　引言 ……………………………………………………… 111
第二节　现有投资者法律保护指标量化方法简述 ……………… 113
　　一　LLSV 模型投资者法律保护量化方法及其拓展 ………… 113
　　二　国内主要投资者法律保护量化方法 ……………………… 115
　　三　已有方法的评述 …………………………………………… 117
　　四　投资者法律保护指标的计算 ……………………………… 118
第三节　理论分析与假设 ………………………………………… 119
第四节　样本选取与研究设计 …………………………………… 123
　　一　样本选取 …………………………………………………… 123
　　二　变量设计 …………………………………………………… 124
　　三　模型设计 …………………………………………………… 125
第五节　实证结果与分析 ………………………………………… 125
　　一　投资者法律保护与现金股利政策：法律保护的结果

　　　　　　或法律保护的替代 …………………………………… 125
　　　　二　投资者法律保护、终极所有权结构和现金股利政策
　　　　　　实证分析 ………………………………………………… 133
　　第六节　本章小结 ………………………………………………… 150

第七章　股权分置改革对终极所有权结构和现金股利政策
　　　　关系影响的实证分析 ………………………………………… 152

　　第一节　引言 ……………………………………………………… 152
　　第二节　理论分析及假设 ………………………………………… 153
　　第三节　研究方法 ………………………………………………… 155
　　　　一　样本选取及筛选原则 ……………………………………… 155
　　　　二　变量设计及模型 …………………………………………… 156
　　　　三　研究方法 …………………………………………………… 157
　　第四节　股权分置改革前后终极所有权结构和现金股利政策
　　　　　　比较分析 ………………………………………………… 157
　　　　一　股权分置改革前后终极所有权结构比较分析 ………… 157
　　　　二　股权分置改革前后现金股利政策比较分析 …………… 158
　　第五节　股权分置改革前后终极所有权结构与现金股利政策
　　　　　　关系的回归分析 ………………………………………… 160
　　　　一　全样本描述性统计分析 ………………………………… 160
　　　　二　回归分析 ………………………………………………… 163
　　第六节　本章小结 ………………………………………………… 171

第八章　结论、建议及不足 ………………………………………… 173

　　第一节　结论 ……………………………………………………… 173
　　　　一　微观层面的结论 ………………………………………… 174
　　　　二　宏观层面的结论 ………………………………………… 174
　　第二节　建议 ……………………………………………………… 176
　　　　一　完善投资者法律保护相关法律制度 …………………… 176
　　　　二　建立维护投资者利益的职业民间机构 ………………… 176

三　完善终极控制人相关信息披露制度，提高信息披露
　　　　违规成本 …………………………………………… 177
　　四　细化现金股利分配的相关法律法规，提高法律法规
　　　　执行的科学性 ……………………………………… 177
　　五　鼓励和引入机构投资者，促进对终极控制人制衡
　　　　机制的形成 ………………………………………… 178
　第三节　研究不足及未来研究方向 ………………………… 179

参考文献 ………………………………………………………… 180

后　记 …………………………………………………………… 196

第一章 导论

第一节 研究背景与研究意义

一 研究背景

股利政策是上市公司财务决策的重要内容之一，是公司关于如何安排税后利润和留存收益比例的一项财务策略。由于股利政策与融资方式选择和股东投资回报密切相关，因此直接影响上市公司股票市价和市场形象，从而成为众多投资者衡量公司经营业绩和成长性的一个重要工具。理性的股利政策在向证券市场传递有效信息的同时，为企业树立了良好市场形象，从而激发了投资者热情，可以有效引导投资者资金流向，使资本市场有效性得以实现。因此，股利政策是公司财务研究领域中被长期关注的一个重要问题。

我国资本市场初成立时，就肩负着服务于国有企业改革的特殊职责，从而形成了特殊的制度背景，这就使我国的上市公司的股权结构与西方国家的股权结构具有较大差异。为确保国有股控制性股东地位，减少内部经理人对控制性股东利益的侵占，我国资本市场形成了股权分置的所有权结构，非流通股与流通股出现"同股不同权、同股不同价"现象，而国有股所有者的缺位使我国资本市场的代理问题变得更为复杂。这种复杂的代理问题反映在现金股利政策上则表现为我国异于西方的独特分配现象。在资本市场建立初期，分红公司不多。而2000年新的融资政策出台后，分红热风行一时。此后，现金股利支付逐步减少，同时也出现个别公司高派现的现象，使得我国的现金股利分配表现出典型的不稳定态势。而近年来，超能力派现的现象开始出现。申弘（2008）对 2007 年出现的上市公司超能力派现现象进行了统计，发现：在沪、深两市截至 2008 年 4 月 30 日披露年报的 1501 家上市公司中，分派现金股利的有 825 家，占 54.96%，其中 198 家公司出现超能力派现现象，占派现公司的 24%。这些与国外现金股利分配实践截然不同的现象激发了国内学者对现金股利研究的热情，学者们尝试用国外已形成的现金股利三大核心理论解释我国特殊的现金股利分配现象。

国内学者对信号理论的验证并没有发现与国外理论预期相同的结论，究其原因在于信号理论假设现金股利的分配是稳定的，而我国现金股利分配不稳定的现实使信号理论的解释力不强；基于现金股利行为理论的研究，不仅变量难以量化，假设条件也很难满足，因此学者涉足得不多。而我国特殊制度背景所带来的复杂代理问题的现状，为基于代理成本理论的现金股利政策的研究提供了良好的素材，同时这些代理问题急需被解决的现状，使得基于代理成本理论的现金股利政策的研究成为这一领域内研究的重点。

学者们利用传统代理成本理论开展研究时，发现：股东投资回报的主要形式之一是现金股利，现金股利就其实质而言是分配到股东手中的"现金"，是股东自身利益的直接体现。而股东作为一个理性经济人，当拥有可以影响现金股利决策的控制权时，出于实现个人利益最大化的动机，必然会利用拥有的控制权做出有利于自身的现金股利决策。因此，股东拥有怎样的控制权以及他们之间的权利制衡关系必然成为决定现金股利政策的关键因素。

我国《公司法》规定，上市公司必须在计提法定盈余公积金、公益金和任意盈余公积金之后才可以向投资者分配股利。股利分配是否可以得以实施必须首先由公司财务部和证券部拟出具体意见和初步方案，再提交董事会审批，最后由股东大会决定是否通过。因此，利润分配方案是力量不同股东相互博弈的结果。博弈过程中，直接影响博弈结果的是各股东特定的股权结构和控制权结构。拥有优势控制权的股东完全可能利用自己的优势控制权使现金股利分配方式有利于自己。显然，股权结构是影响股利分配政策的重要因素。

以上结论引导大量学者从股权结构视角展开现金股利政策的研究，大量关于股东性质和股权集中度与现金股利政策关系的研究成果形成，但研究结论却未能与传统代理成本理论保持一致。尤其是关于股权集中度与现金股利政策关系的研究，更是与理论预期截然不同，这使得我国上市公司现金股利之谜更为扑朔迷离。

深入探究这一差异产生的根源，学者们发现，基于传统委托代理理论的现金股利代理成本理论的假设前提是：股东是同质的、股权是分散的。研究的关键问题是现金股利政策是否可以解决股东与管理层之间存在的代理问题。这正是 Berle 和 Means（1932）的研究理论体系。反观我国资本市场，特殊的股权分置制度使我国的上市公司股权结构高度集中、股东性质差异化高，从而不同的股东具有不同的利益诉求，这显然与传统的现金股利代理成本的假设前提、研究背景不相吻合。

在股权高度集中的情况下，在普遍采用"一股一票"的投票制度下，由于大股东掌握较多的投票权（尤其是单个股东持股达到50%以上），使大股东拥有了在董事选举、合并决策等重大事项上的控制权。利用优势控制权，他们借助选举将"自己人"通过各种途径送入董事会，使公司控股大股东与管理层高度重叠，这就使控股股东拥有的控制权超过了其持有股票所代表的收益权，即现金流权。此时，公司的控制权实际上掌握在大股东手中，决策机制已经背离了"一股一票"原则。而这些掌握实际控制权的人被称为最终控制人，他们成为真正决定现金股利政策的主导力量，传统的代表不同股东权利博弈关系的股权结构不再是研究现金股利政策的关键。

当终极控制人成为主导公司重要决策的力量时，他们又如何决定现金股利政策呢？La Porta、Lopez-de-Silanes、Shleifer 和 Vishny（2000）对这一问题的深入研究为后续的研究提供了一个解决问题的理论框架。在他们的理论框架下，控股股东的股权集中将会对他们的行为产生正负两种外部效应。所谓正外部效应是指，当控股股东所持股份比例不断增加，即现金流权不断增加，会使他们产生对经理人利己行为实施监督的强烈动机和能力，从而带来可以由包括外部中小股东在内的全体股东分享的共同收益；所谓负外部效应则是指，由于现金流权和控制权的分离导致控股股东可以实施为自己谋取控制权私利的侵占行为，这些行为的成本由全部股东分担，但这些行为的收益却被控股股东独享。如果控股股东的控制权达到绝对控制水平，制造控制权私有收益成为控股股东的首选行为，这种控制权私有收益并不能为中小股东所分享（Shleifer and Vishny，1986）。显然，此时的现金股利政策成为利益输送的工具而被控股股东用于剥削中小股东利益。因此，现金流权与控制权如果发生严重背离，现金股利政策便可能成为控股股东满足自身特殊利益需求的工具。当实施利益侵占行为的边际净收益大于派现的边际净收益时，控制性股东将选择不派现；相反，则派现。而终极所有权结构是影响边际收益水平高低的关键因素。于是，终极所有权结构成为影响现金股利政策的关键因素，也因此开启了现金股利政策研究的一个新视角——终极所有权结构。基于LLSV（2000）的理论模型，诸多学者从两权分离、终极控制人产权性质和组织形式等层面开展了一系列研究，如 Faccio 等（2001，2002）以及 Maury 和 Pajuste（2002）。他们的研究将基于终极所有权结构的现金股利政策逐步推向深入，为国内学者开展这方面的研究提供了新的思路。

随着研究的逐步深入，投资者法律保护这一宏观制度因素被证实对终极所有权结构和现金股利政策都有着重要影响，而 La Porta 等（2000）则建立了投资者法律保护与现金股利政策研究的理论框架，这使后续研究的展开都将法律保护这一制度因素引入现金股利政策的研究中，从宏观层面更全面地揭示了终极所有权结构与现金股利政策的关系。国外学者的理论框架和研究思路为国内学者提供了研究思路，国内学者开始尝试应用他们的理论框架开展终极所有权结构和现金股利政策关系的研究。研究虽然证实了现金股利政策是终极控制人对中小投资者利益侵占的工具，但多是间接开展研究，真正从终极所有权结构视角展开研究的近年来才逐步出现。较早的是邓建平和曾勇（2005）开展的家族上市公司股利政策的研究。此后，王化成、李春玲、卢闯（2007）对上市公司现金股利分配倾向和分配力度从控股股东经济性质、现金流权与控制权的分离度和集团控制性质角度展开研究。朱滔、王德友（2007）则直接进行了上市公司最终控制人所有权结构对股利政策影响的研究。徐治国（2008）从终极所有权结构视角研究了民营上市公司现金股利政策。

对已有研究分析发现：研究内容零散、各自独立、系统性差；研究对象多以民营、家族上市公司为主，缺乏整体市场研究；而研究数据多为横截面数据，或2—3年数据，数据量少，缺乏动态性；而股权分置改革对终极所有权结构和现金股利政策关系影响的研究则需要更加深入。

已有研究现状和资本市场的实际需要客观上要求从终极所有权结构视角开展更全面、深入的研究，提供新的解释和证据。因此，本书选择了终极所有权结构为切入点，从我国上市公司现金股利之谜这一视角展开系统的探讨。同时考虑宏观制度背景中影响二者关系的两个关键因素——投资者法律保护和股权分置改革，本书从建立一个系统研究框架入手，通过实证分析尝试为现金股利政策代理成本理论提供新的证据，也为我国这一新兴资本市场上的特殊现金股利之谜寻求更为准确的解释，并同时实现对我国投资者法律保护的效果和股权分置改革的政策效应的初步检验。

二 研究意义

通过本书的研究，一方面，从微观层面揭示终极所有权结构与现金股利政策的关系，揭示现金股利政策究竟发挥了怎样的作用；另一方面，从宏观制度背景深入研究，为投资者利益保护提供了来自现金股利的新证据，验证了特殊控制权结构下的现金股利政策是否起到了对中小投资者利益的保护。而对股权分置改革的研究，也为宏观政策实施的有效性进行了验证和检验，这样的研究结果将在理论和实践两方面具有重要意义。

1. 理论意义

现金股利政策的研究多年来是公司财务和金融领域的难点之一，虽然大量的研究成果为现金股利政策提供了大量的解释和证据，但并未形成一致的见解。不断出现的新论题和新理论，也未能为现金股利政策找到一个合理的理论解释。新兴资本市场的特殊性使得已有研究结果与理论框架不断出现矛盾，但新兴资本市场的现金股利政策研究始终是公司财务研究领域内的一个重大课题。

本书以我国沪深两市的上市公司为研究对象，从终极所有权结构视角切入，对现金股利政策的实质形成的新的诠释是对现代现金股利代理成本理论的拓展，为新兴资本市场上的现金股利政策研究提供了新的证据，使我国的现金股利代理成本理论研究进程得以走向一个新的方向。

2. 实践意义

本书的研究成果从实践而言，具有微观、宏观和政策制定三方面的意义。

微观层面的实践意义主要体现在促进上市公司治理机制的完善。终极所有权结构是上市公司股权结构的重要内容，作为公司治理机制之一，通过对终极所有权结构对现金股利政策影响的研究，我们可以设计更为合理的所有权结构引导公司的现金股利分配趋于理性化，这一方面体现了公司控制权治理机制的科学效应，体现了对公司治理机制的完善；同时，现金股利分配的理性化，也使公司的投融资建立在更为科学的基础上，带来公司业绩的提高，最终实现公司治理绩效的不断提升，而这正是当前改革需要解决的关键难题之一。

宏观层面的实践意义主要是资本市场有效性的提高。随着上市公司治理业绩的不断提升和现金股利的理性分配，资本市场获得更为真实、有效的信息，投资者据此作出的投资决策将日益合理，促进了资金的有效配置，从而资本市场整体有效性得以提升。而上市公司良好的业绩和理性的分配行为，稳定了投资者信心，既减少了投资的盲目性，也减少了投资者退出资本市场的概率，保证了资本市场的正常秩序，降低了资本市场大起大落的概率。以上效果的实现将有效降低金融危机发生的概率，从而确保宏观经济的稳定运行。全球金融危机和亚洲金融危机都以事实证明金融稳定对宏观经济稳定运行的重要性。

政策制定层面的意义主要是为政策实施效应和政策调整提供依据。本书验证了我国投资者利益保护的相关政策、法规对现金股利是否起到预期的效果，也对股权分置改革政策这一资本市场重大改革对现金股利政策影响的效应进行了检验，这为这些政策的实施提供了有力的证据，为发现已实施政策存在的问题，是否发生了偏离提供了依据，也因此可以提出政策改进的合理建议，以促进宏观政策制定、实施、反馈和调整的科学性，保证宏观调控目标的实现，促进宏观经济的健康运行。

第二节 研究内容与框架结构

一 研究内容

第一章是导论。在明确选题的背景、意义及研究思路后，对几个重要概念做出界定。鉴于终极所有权结构和现金股利政策都是在一定的宏观制度环境下形成的，制度因素是影响终极所有权结构和现金股利政策的不可忽视的一个重要因素，因此，本书从宏观制度因素和微观治理因素两个层面展开研究。根据已有文献，制度环境中对终极所有权结构和现金股利政策有重大影响的因素之一是投资者法律保护程度，而股权分置改革又从根本上改变了本书研究的背景，所以，本书选择投资者法律保护和股权分置改革为本宏观层面研究的主要内容。

第二章是概念界定及文献综述。首先，对主要股利政策理论演变进行文献回顾，完成现金股利政策理论发展演变研究综述，明确当前现金股利政策理论研究趋势。其次，全面回顾终极所有权结构研究文献，基于此，展开终极所有权结构与现金股利政策关系研究文献回顾，完成基于微观研究领域的文献综述。再次，开展投资者法律保护、终极所有权结构与现金股利政策研究回顾，完成对宏观层面研究的综述。最后，对已有文献综述进行评述，确定研究的趋势和主要的理论框架。

第三章是终极所有权结构与现金股利政策特征统计分析。本章主要运用统计分析工具对我国沪深两市上市公司现金股利政策和终极所有权结构现状进行数据分析。第一部分重点开展我国上市公司历年来现金股利政策现状分析，第二部分主要开展我国上市公司终极所有权结构现状分析，最后根据统计分析数据初步总结终极所有权结构与现金股利政策之间是否存在关系。

第四章是终极所有权结构与现金股利政策关系模型构建。本章首先应用终极产权理论建立终极所有权结构的理论分析框架；其次根据现金股利利益侵占假说建立现金股利政策的理论分析框架；最后基于以上两个理论分析框架，构建终极所有权结构与现金股利政策关系的数学模型，并通过数学模型推导二者的关系，提出研究假说。

第五章是终极所有权结构与现金股利政策关系的实证分析。本章从微观层面对终极所有权结构与现金股利政策的关系进行实证检验。首先开展现金流权、控制权、分离度和终极控制人的国有属性与现金股利政策关系的实证检验；其次进一步探讨现金股利政策与资金侵占之间的关系，明确现金股利政策究竟是否是利益侵占的工具；最后总结实证分析结果，形成微观层面终极所有权结构与现金股利政策关系的实证分析结论。

第六章是投资者法律保护背景下终极所有权结构与现金股利政策关系的实证分析。本章开始是宏观层面的研究。首先根据 LLSV（2000）的思路，检验我国的现金股利政策是否是法律保护的结果或法律保护的替代。并开展横向比较分析，明确不同投资者法律保护地区的现金股利政策与投资者法律保护的关系。然后实证分析在控制了投资者法律保护程度后终极所有权结构与现金股利政策之间的关系，明确投资者法律保护是否影响了二者的关系。最后总结实证分析结果。

第七章是股权分置改革对终极所有权结构和现金股利政策关系影响的实证分析。本章主要验证股权分置改革是否对终极所有权结构和现金股利政策关系产生影响。首先通过方差分析对股权分置改革前后的现金股利政策和终极所有权结构分别进行比较分析，明确是否存在股权分置改革前后的差异。其次实证检验股权分置改革、终极所有权结构和现金股利政策的关系，探讨股权分置改革是否改变了二者的关系，又产生了怎样的影响。最后总结分析得出股权分置改革是否带来了预期效果的结论。

第八章是结论、建议及不足。本章在总结全书研究结论的基础上，就研究中发现的问题进行讨论，根据发现的问题提出相应建议，并明确研究存在的不足和未来研究的方向。第一部分是全书的结论，第二部分是建议，第三部分是研究不足及未来研究方向。

二　框架结构

本书框架结构如图1-1所示。

```
                    问题的提出
                        │
                国内外研究文献综述
                        │
            终极所有权结构与现金股利政策现状分析
                        │
        终极所有权结构与现金股利政策关系的数学模型构建及理论分析
                        │
            终极所有权结构与现金股利政策关系的实证分析
                    ┌───┴───┐
        终极所有权结构与现金       终极所有权结构与现金
        股利政策关系的微观         股利政策关系的宏观
        层面分析                 层面分析
          ┌──┴──┐               ┌──┴──┐
      现金流权、  基于不同股权     投资者法律保    股权分置改
      控制权和分  性质的终极所     护对终极所有    革对终极所
      离度与现金  有权结构与现     权结构与现金    有权结构与
      股利政策关  金股利政策关     股利政策关系    现金股利政
      系的检验    系的检验        影响的检验      策关系变化
                                              的检验
          └──┬──┘               └──┬──┘
        微观层面结论              宏观层面结论
                    └───┬───┘
              总体研究结论、建议及不足
```

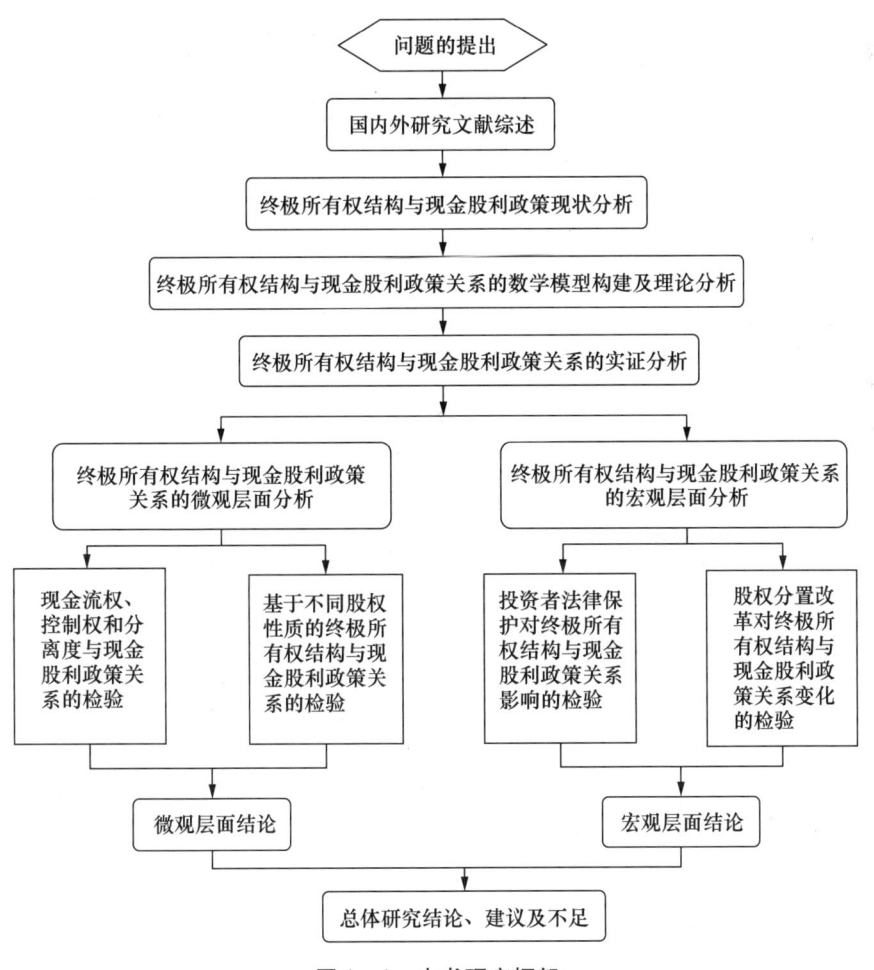

图1-1　本书研究框架

第三节 研究思路与研究方法

一 研究思路

(一) 研究目标

基于宏观和微观两个层面终极所有权结构与现金股利政策关系的实证分析,建立终极所有权结构和现金股利政策实证研究框架体系,探求现金股利政策形成的真正原因,检验资本市场投资者法律保护和股权分置改革的政策效应。

(二) 技术路线

查阅文献确定研究课题和内容→根据研究课题和研究内容拟定研究计划→研究理论文献,建立数学模型,进行理论分析,初步提出研究假设→收集整理数据→建立模型实证检验→稳健性检验→归纳总结检验结果→最终形成结论→提出政策建议。

(三) 具体思路

本书从我国特殊制度背景出发,借鉴现金股利政策研究已有文献思路,从终极所有权结构视角切入,对我国上市公司现金股利之谜形成的原因进行系统分析。在对我国现金股利分配现状和特殊的终极所有权结构分析的基础上,根据文献对现金股利政策和终极所有权结构的理论分析,构建终极所有权结构和现金股利政策关系理论模型。借助理论模型推导二者关系,提出实证检验的相关假设。在此基础上,以我国上市公司数据从宏观和微观两个层面对二者关系进行检验。微观层面检验主要关注终极所有权结构质和量与现金股利政策的关系;宏观层面选择影响二者关系的两个关键制度因素——投资者法律保护及股权分置改革,分别检验它们对二者关系的影响,同时实现对投资者法律保护和股权分置改革效应的检验。通过以上理论分析和实证检验,最终揭示我国现金股利政策形成的真正动因,并提出今后改革的相应政策建议。

二 研究方法

为了实现本书的研究目标，本书综合运用了规范研究、实证研究等多种方法展开理论分析和实证检验，力求研究具有科学性、逻辑性和实用性。

第一，规范研究与实证研究相结合的研究方法。对国内外现金股利政策研究文献的梳理和回顾运用规范研究方法，发现当前研究的切入点，明确实证研究的方向。运用经济学相关理论，借助数学模型的建立，运用规范研究法完成理论模型的建立和逻辑推理，提出研究假设；实证研究部分主要运用方差分析、逻辑回归和多元回归等计量方法完成对研究假设的检验。

第二，比较分析研究方法。对现金股利分配现状的分析部分在综合运用各种统计分析方法的同时，分阶段采用比较分析研究方法，探讨其深层次特点，使数据内涵更丰富。在投资者法律保护对终极所有权结构与现金股利政策关系的影响和股权分置改革前后终极所有权结构与现金股利政策关系的变化部分则综合运用方差分析法，分析现象背后的真实原因。

第三，归纳和演绎相结合。在本书的文献综述和特征分析及最后的结论等各章内容中广泛地应用归纳分析法和演绎分析法。

第四节　研究难点和创新点

一　研究难点

第一，第四章理论模型构建的规范研究需要更多的经济学理论和数学模型的推导，不仅要建立适应于本书研究需要的特定模型，还需要严密的逻辑推理，保证科学性与严谨性，这将是一项艰巨工作。

第二，数据收集困难。本书涉及的变量较多，包括财务变量和非财务变量，且涉及的时间跨度大，因此收集和整理需要大量时间。同时，部分变量的数据不能直接从已有数据库中得到，需要手工计算，尤其是关于投资者法律保护的数据需要自行加工处理，这使研究具有较大的难度。

二 创新点

第一，研究方法的创新。本书基于对现金股利利益侵占假说理论假设条件的进一步延伸，通过实证检验方法，发现了现金股利政策是终极控制人掩饰其他利益侵占行为的面具而不是利益侵占的工具这一新现象。这一论断与当前现金股利政策研究已有结论截然不同，使现金股利利益侵占假说理论的研究有了一个全新的切入点，充实了我国资本市场现金股利之谜的研究文献。同时，这一新问题的发现，为深入揭示终极所有权结构关键变量如何影响现金股利政策的形成提供了新的研究思路。

第二，研究视角的创新。本书将投资者法律保护予以量化，并引入终极所有权结构与现金股利政策关系的研究中，证实了：投资者法律保护与派现意愿的正相关关系是终极控制人利用现金股利政策掩饰其他利益侵占行为的结果，是对投资者法律保护制度的利用。投资者法律保护制度执行效果偏离了预期的政策制定诉求目标。这一全面考虑宏观制度因素和微观治理变量对现金股利政策形成的共同作用机制的研究视角拓展了当前主要从微观或宏观单方面展开现金股利政策实证研究的研究方向。同时，研究发现的投资者法律保护政策被终极控制人利用的这一结论与已有相关研究并不相同，提供了宏观制度政策效应未实现并被利用的新证据，这对今后资本市场现金股利监管政策的制定和调整具有重要的借鉴意义。

第二章 概念界定及文献综述

第一节 重要概念的界定

一 现金股利政策

股利政策是股份有限公司的一项重要的财务决策，是关于是否分配、以何种形式分配以及分配水平大小的财务决策。

股利是上市公司根据股东持股份额大小向股东分配的利润。就其形式而言，现金股利和股票股利是我国上市公司的两种主要股利分配形式。股票股利曾是我国资本市场建立之初很长时间内的一种主要的股利形式。曾经出现了发放股票股利上市公司家数超过发放现金股利公司家数的现象，在我国早期的股利分配中占有较大的比重。然而，西方发达国家如美国，早在20世纪80年代后发放股票股利的公司数目就呈明显的下降趋势（Lakonishok and Lev，1987），发达国家最重要的股利形式逐步变为现金股利。

在我国资本市场不断完善和发展的进程下，我国上市公司的股利分配形式也有了显著的变化。罗宏（2006）对我国股利分配的统计数据显示：1992年，我国上市公司发放股票股利的公司比重为88.46%，但到2000年，已经下降到10.91%，2004年更是降至3.51%。这些数据说明股票股利已经不再是上市公司股利支付的主要形式。而自2000年后，上市公司分配现金股利的公司家数不断上升，2003年超过了50%，此后，继续稳步提高。显然，我国上市公司股利分配的形式已经转向现金股利。

由于分配股票股利不需要现金支付，不必有公司业绩支撑，因此，股票股利常被上市公司利用实施一些造假行为。但是，现金股利的派发需要真实的现金流出，要求公司必须有盈利，更直接地体现了投资者长期利益的需要和对中小投资者利益的保护，这与本书开展研究的视角更为吻合。因此，本书不研究其他形式的股利分配，主要研究现金股利政策。通过对当前现金股利政策特点的分析，从终极所有权结构的角度开展终极所有权结构与现金股利政策关系的实证分析。

综上所述，本书现金股利政策是指股份有限公司关于是否派现和究竟支付多少现金股利的财务决策。因此，研究的主要内容包括两方面，其一，是否分配现金股利；其二，是现金股利分配水平。本书后续部分所指的股利除特别说明外均指现金股利。

二 终极控制人

La Porta 等（1999）提出了终极产权理论，该理论对终极控制人进行了明确概念界定，终极产权理论自提出后也已被大量学者采用。因此，本书对终极控制人概念的界定采用终极产权理论的描述，即终极控制人是指上市公司第一大股东的终极控股股东，也就是大多数情况下上市公司年报所说的最终控制人，即根据上市公司年报所描述的第一大股东控制链关系追溯到的最终控股股东。

三 终极控制权

根据终极产权理论定义，终极控制权是指终极控制人所控制的直接和间接持有的上市公司的股权，即终极控制人的投票表决权，等于每条控制链上最低持股比例之和。本书也采用这一理论界定的终极控制权的概念及计算方法。

四 现金流权

根据终极产权理论定义，现金流权就是所有权，是终极控制人分享被控制公司收益的权利，等于其从终极控股股东到上市公司所经历的各个代理链中各环节代理人控股比例乘积之和。本书也采用这一理论界定的现金流权的概念及计算方法。

五 终极所有权结构

根据终极产权理论，终极所有权结构指终极控制人的控制权和现金流权的配置，包括质与量两个方面。从量上包括终极控制权、终极现金流权的大小和分离度，即控制权减去现金流权；从质上则包括终极控股股东的产权性质、控制权的实现方式等内容。

第二节 股利政策及现金股利政策理论演变的文献综述

一 股利政策理论演变文献回顾

股利政策理论是公司财务研究领域长期关注的热点问题之一。20世纪以来，众多学者建立了不同的理论模型，开展了大量的实证研究，虽然对不同理论都提供了许多的实证研究证据，但是，却未能达成共识，因而至今，股利政策仍旧是研究的一大难题和热点。

股利支付是否会对股票价格造成影响是股利政策研究最初的出发点。根据这一研究目的，20世纪以来，不同学者形成三种主要观点：一是股利与股价正相关，即Gordon（1961，1962）提出的"一鸟在手"理论；二是股利与股价负相关；三是股利与股价不相关。在这三种主流观点的引导下，其后出现了大量股利政策理论和实证研究模型，而从市场结构特性和投资人基本理性这两个角度展开的研究则是其中最主要、最有价值的研究。基于学者们研究的基本原理，按照以上两个不同的视角，已有股利政策理论可分为三类：完全信息理论、信息不对称理论和行为理论。

（一）完全信息理论

1. MM股利无关论

信息完全对称条件下的股利理论的最早研究是著名的"MM"理论，前文虽已初步介绍了该理论的主要内容，但鉴于该理论在股利理论发展史中的重要地位，有必要再次提出和进一步梳理。Miller和Modigliani（1961）发表了《股利政策，增长和公司价值》一文。该文中，他们运用规范研究方法，在严格假设、严密推导下，证明了股利与公司价值不存在相关性，进一步提出股利发放不会影响股票价格，因而形成了著名的"股利无关论"。他们也成为股利政策的理论先驱。他们的股利无关论假设资本市场是没有税收和摩擦成本的完美市场。此时的股利政策和公司股价无关，与投资决策彼此独立。公司投资政策形成的资产经营效率决定公司价值。因此，在完美而且完全的资本市场上，投资决策是决定公司价值的关键因素。股利政策只是公司盈余在现金股利与资本利得之间分配的结果。理性投资者对公司的评价取决于公司的投资效率，股利分配形式和比例不会影响投资者的评价，即公司的市场价值与股利政策无关。

基于以上理论逻辑，可以判定：由于股利政策既不影响股东权益资本成本也不影响公司股价，所以，公司经理无论制定怎样的股利政策，对股东和公司而言，都没有本质影响，也不会产生不同的效果。

股利无关论的最大贡献是通过建立数学模型证明了股利政策与股票价值的不相关。得到了后来大量财务理论学者的认可，也有相关研究给予了支持和证据，例如 Black 和 Scholes（1974）等。但不可否认的是，完美无摩擦前提条件的假定过于理想化，不符合实际情况，根本无法在实践中实现，因此无法得到来自现实条件的数据验证。即便如此，股利无关论在股利政策研究领域中仍具有里程碑式的意义，为今后的股利政策研究提供了基本模型。而此后开展的研究循着对"股利无关论"研究假设的逐一突破而不断取得新的进展。在近半个世纪的研究深入中，税收理论等著名的理论流派逐步形成。

2. 税收偏好理论

基于对没有税收假设前提的突破，Farrar 和 Selwyn（1967）将税赋因素引入股利政策研究，根据实践中股利和资本利得征收不同税率的实际情况展开研究形成了著名的税差理论。该理论假设：理性投资者的利益诉求目标是实现税后收益最大化。在局部均衡分析法的分析思路下，他们研究指出：如果资本利得的个人所得税低于股利收入的个人所得税，则股东不希望公司支付股利。因为，不支付股利将资金留在公司，可以随时满足股东对资金的需要，从而带来公司经营效率的提升，会导致股价高于支付股息时的价格。从税赋角度而言，投资者不需要高税收成本的股利，公司也不需要分配股利。即使需要向股东支付现金，也应以股票回购的方式实现，而不是派发股利。

　　Farrar 和 Selwyn 的研究为后续学者研究提供了借鉴思路。Brennan (1970) 将研究深入到一般均衡情况，建立了股价与股利关系的静态股票评估模型，在模型中引入股利收益带来的额外溢价因素，证实股利收益的额外溢价要求公司必须有较高的税前风险调整收益用于补偿税前收益的税收损失。派发股利越多，对税前风险调整收益的要求越高。所以，为避免税收损失最佳的股利政策是不发放股利。但 Miller 和 Scholes (1978) 的研究却提出了免税机构的存在使得税收对投资者的影响难以通过公司股价有所反映。与此同时，Auerbach (1979a, 1979b) 考虑了股利所承担的税赋被资本化入了股票价值，而提出"税赋资本化假设"。借助于数学推导，证实留存收益或支付股利对于股东而言是不区分的。Bradford (1981) 和 King (1977) 也提出与 Auerbach 相同的观点。而 Allen 和 Michaely (2001) 则强调了股票回购因为在税收上对投资者而言有优势而成为公司股利政策的重要组成部分。

　　以上税差理论的研究都证明资本利得在税收上的优势带来了除权日股票价格的下跌幅度小于股利的支付水平，这必然使不发放股利的公司受投资者青睐。因此，根据除权日的股价变动，许多学者对税差理论进行检验。Elton 和 Griber (1970) 的研究支持了税差理论，但 Michaely (1991) 的研究却未提供一致的证据。Auerbach 和 Kevin (2003) 研究发现股利发放在公司间存在差异，对股利税收效应有反应的公司只是一部分。Green 和 Hollifield (2003) 证实了股票回购在税收收益上比股利发放对个人投资者更有利。

　　以上税收理论的相关研究主要是运用资本资产定价模型和研究股票除息日公司股价平均变化情况这两种方法展开的。无论哪种方法的研究，都证实了所得税差异对股利政策有影响。但从研究结论看，存在不一致甚至矛盾。无疑，多种因素综合影响的股利政策不能仅靠单纯的所得税效应理论进行合理的解释，需要新的切入点的研究和支撑。

(二) 信息不对称理论

信息不对称理论则突破了 MM 股利无关论对信息完全对称的假设，进行了股利政策的研究。对信息不对称的突破源于 20 世纪 70 年代兴起的信息经济学对企业假设的改变。他们认为经济运行中的企业不再是非人格化的主体，而是经济行为人。经济行为人的决策机制是自身效用最大化。于是，在古典经济学中非人格化的公司决策制定者纯粹服务于委托人最大利益的情况不再存在，企业也不再是一个生产现金流的黑匣子，企业决策制定者在现实中的决策是自身效用最大化的结果，公司的财务政策也成为相关各方利益冲突协调的结果。因此，市场价格不可能全面反映市场信息，市场信息不可能再呈现完全对称，这必然对股利政策产生深刻影响。于是，财务学者借鉴不对称信息分析方法对股利政策研究从代理理论与信号理论两个角度展开。

1. 信号理论

基于 Akerlof's (1970) 柠檬市场模型对信息不对称成本的解释，Spence (1973, 1974) 将其模型推广，构建了适用于财务领域的通用信号模型。此后，最早在股利政策研究中运用信号理论的是 Ross (1977)。他的研究中，企业管理者和投资者拥有的信息不相同，关于企业未来收益和投资风险的内部信息被企业管理当局独自拥有，投资者对公司价值的评判主要依靠管理当局传递出的信息。管理当局传递信息的途径是通过财务决策的选择实现的。一个拥有良好发展前景且不需额外追加大量资金的企业，会选择较高债务比率的资本结构以发挥财务杠杆效应，放大公司每股盈余。这一资本结构的选择就是一个传递给投资者的信息。同理，较高股利的发放是公司对未来发展充满信心的一个信号释放。因此，公司资本结构的选择或股利政策的选择，公司主动向潜在投资者传递的信号，会影响投资者对公司价值的评判。所以，信号传递理论提出股利政策传递了有关企业价值的信息，股利支付水平变化与股利宣告日股价变化正相关。

Bhattacharya (1979, 1980) 的研究为信号传递理论提供了证据。他建立的股利显示信号模型证实股利政策有助于降低信息不对称程度。Miller 和 Rock (1985) 则以净股利传递信号模型证实：管理者拥有多于投资者的关于企业收益的信息,这些信息通过股利分配向投资者传递。投资者通过非预期的股利政策对公司价值给出利好发展的判断。这说明,股利政策是具有信息含量的。此后的更多实证研究也证实了股利政策的信息含量假说,而且更深入的研究发现:股利削减对投资者的影响远大于对同等股利增加的影响,股利削减的信息确定性更强,这正体现了财务管理的风险厌恶假设。

Ambarish、John 和 Williams (1987),Bar - Yosef 和 Huffman (1986),Hakansson (1982),John 和 Williams (1985),Kale 和 Noe (1990),Kumar (1988),Makhija 和 Thompson (1986),Ofer 和 Thakor (1987),Rodriguez (1992),Talmor (1981),Lan Garrett 和 Priestley, R. (2000)等都研究了股利政策的信号模型。肯定信号理论的研究成果都指出作为传递公司质量信息工具的股利政策是公司信息传递工具中成本较低的一个主要工具。

2. 代理成本理论

Jensen 和 Meckling (1976) 为代理成本理论做出了经典论述。根据他们的研究,委托人承担的监督支出、代理人承担的担保性支出以及剩余损失是代理冲突下产生的三大代理成本。代理成本理论关注的核心问题是如何最大限度地降低代理成本实现委托人利益的最大化。在运用代理理论框架展开分析后,他们对股利政策给出了新的解释:股利政策是一种协调股东、债权人和管理者三者代理关系的约束机制。Fama 和 Jensen (1983a,1983b) 则证实了股利政策对债权人和股东之间代理关系约束作用,指出:债务合同对股利发放限制阻止了债权人财富向股东的转移,缓和了股东和债权人的代理冲突。但 Kalay (1982) 也强调一点,债权人财富被侵占的主要原因不一定是股利政策。基于投资角度的研究指出:股利政策通过减少企业现金而降低了管理者的在职消费和过度投资可能性,实现了管理者与股东之间代理成本的降低,提升了公司价值。Grossman 和 Hant (1980) 研究证实了这一点。Easterbrook (1984) 则从融资角度证实股利政策使公司不得不通过资本市场寻求外部融资而不得不受到资本市场的有效监督,达到了减少管理者在职消费和次优投资行为的效果,实现了代理成本的降低。

在 Jensen 和 Meckling 的代理理论的基础上，此后的学者进一步深化代理成本理论对股利的解释，较多地开始从股利政策与股权结构的关系入手，深入探讨不同股权结构背景下，股利所表现出的不同机制效应。以股权集中度为切入点的 Rozeff（1982）的研究证实：股利支付率是股权代理成本和债权代理成本权衡的结果。高度集中的股权结构下，由于存在大股东对管理者的较强的监管，就不需要通过股利政策降低代理成本。而股东数目众多的分散的股权结构缺乏对管理层的有效监督，需要借助于股利发挥间接控制作用，而需要较高水平的股利支付。因此，股利支付水平与股权集中度之间存在负相关关系。通过股利的发放，使公司进入资本市场融资而接受更多的监督达到降低代理成本的作用。当然，股利支付会增加公司的融资成本，引发债权代理成本增加的新矛盾。所以，股利支付率水平取决于股权代理成本和债权代理成本的比较。特别需要注意的是，高度集中的股权结构中如果内部股股东持股比率较高，降低代理成本的途径可以不采用股利支付。因此，Rozeff 的研究使外部股东获得公司监管者身份成为可能。

基于 Rozeff 的研究，Shleifer 和 Vishney（1986）证实了大股东的存在发挥了对管理层行为的监督作用，可以减少股利的派发。Bushee（1998）根据有效监管假设对机构投资者是公司管理层的监管者给出了证据，并肯定了机构投资者会对股利政策产生影响。Helen Short、Hao Zhang、Kevin Keasey（2002）对英国公司的研究同样发现由于机构投资者的存在降低了管理者保持过量现金流在手中的可能性，并促使公司进入外部资本市场融资而接受外部的监管，从而表现出机构投资者与现金股利支付的显著正相关关系。然而，Zeckhauser 和 Pound（1990）对美国的研究却认为股利政策和股权集中都不是监督机制的替代品，是否存在大股东对股利政策没有显著影响。

这一阶段的研究，主要从公司微观治理层面入手展开，研究对象主要是美英这些资本市场比较发达、法律保护较健全环境下的股权结构较分散的上市公司。此时的研究还没有考虑到外部制度因素对微观行为的影响。

2000年，La Porta 等（以下简称 LLSV）将法律体制这一宏观变量引入对股利政策这一微观行为的研究中，对 33 个国家的投资者保护和股利政策的关系展开研究，提出了法律保护强的环境下的结果模型和法律保护弱的环境下的替代模型，并以数据检验支持了结果模型，认为股利是小股东利用法律权利迫使公司发放的，有效遏制了大股东的剥削，体现了对小股东股东权益的保护。这一观点在此后 Faccio 等（2001）对西欧发达国家的研究中得到了证实。La Porta 等（2002）开展的后续系列研究中，对结果模型给出了更多的证据。如英国完善的股东监管体制下所表现出的高水平的股利支付的证据都体现了有效法律保护对股利政策的作用机制。显然，此时表现出的代理关系不再是熟悉的股东和管理层之间，更多地体现出大股东的价值。但是，完善的投资者法律保护和成熟的资本市场是以上结论成立的前提。相对于投资者法律保护不完善的国家，股利特别是现金股利可能异化为利益输送行为而不是对投资者利益的保护。这恰恰体现了 Shleifer 和 Vishny（1997）研究中提出的大股东对小股东的剥削，产生了第二类代理问题。

这里提及的"利益输送"是由 Johson、La Porta、Lopez-de-Silames 和 Shleifer（JLLS）在 2000 年提出的一个概念，他们将通过地下通道转移资产的行为定义为利益输送，具体是指公司控制人采取的各种合法或者非法将公司资产和利润转移给自己的行为。这种行为侵犯了中小股东利益，高额支付现金股利更是一种有效而合法的利益输送行为。尤其是出现小股东法律保护缺失、控制性股东借助于金字塔结构和交叉持股方式实现了现金流权与控制权的分离，或者兼任公司高管情况时，利益输送行为会更加严重（La Porta, et al., 1999）。这类代理问题在缺乏有效法律保护机制的新兴资本市场上表现得更为严重，Faccio 等（2001），Clasesse 等（2002），Lins（2003）实证分析的结果证实了这一结论。他们发现西欧良好的法律保护环境使得股利支付率明显高于东亚水平，东亚地区高度集中的控制权带来的是较低的股利支付率。东亚地区的控制性股东通过将大量现金投资在具有负收益的项目攫取高额的控制权私有收益实现了对小股东利益的侵占，在不派发股利或少派发股利的同时，负收益的投资项目形成了大量呆账和死账，诱发了20世纪末的东南亚金融危机。

3. 自由现金流理论

管理者资金投向的理性决策建立在他与股东之间不存在利益冲突的前提下，而当管理者与股东两权分离后，利益冲突的存在使得管理者有了利用职权在职消费或浪费多余资金的动机。最早发现这一现象的研究来自 Berle 和 Means（1932）。他们的研究证实了管理中存在大量非有效使用获利投资资金的现象。此后，Jensen（1986）提出的自由现金流理论对这一现象给出了更好的解释。根据 Jensen（1986）对自由现金流的定义，自由现金流是公司满足了所有正净现值投资项目资金需求后保留的现金。自由现金流使管理者与股东产生利益冲突，为减少管理者可以控制的自由现金流，进而降低其在职消费和投资于负净现值项目的概率，发放股利是一种有效地降低代理成本的控制机制。显然，这比单独的代理理论或信号理论对股利政策的解释更具说服力。

（三）行为理论

已有理论虽然从不同角度对股利政策进行了诠释，但相互之间存在矛盾，缺乏有力的实证支持。有学者认为这种现象的出现很大程度上在于研究者忽略了动机这一关键因素。Shiller（1989）指出，将行为动机纳入模型中将有助于理论的丰富和发展，进而更好地解释股利政策。他认为社会压力使股东的判断和交易行为出现逻辑无法解释的错误。大量具有复杂心理的投资人影响了整个市场行为。此后，Frankfurter 和 Lane（1992）进一步分析指出管理者意识到股东希望得到股利时会做出支付或增加股利的决策以安抚投资者。股利一定程度上是一种传统，同时某种程度上讲是一种舒缓投资者焦虑的工具。

1. 管理者调查形成的理论

从动机方面研究股利政策主要是通过对管理层的问卷调查和访谈等方式展开的。Linter（1956）关于 CFO 和 CEO 的调查证实了稳定股利政策对投资者的积极效应。此后，Darling（1957）、Fama 和 Babiak（1968）以及 Turnovosoky（1967）的研究证实了 Linter 的结果。Baker

等为 Linter 的研究结论提供了新的证据，肯定了股利政策对股价具有影响力（Baker and Farrelly, 1988; Baker, Farrelly and Edelman, 1985）。DeAngelo、DeAngelo 和 Skinner（1996）进一步深入研究，发现股利是当前和过去盈余及未来预期盈余的函数，负相关于销售的变化量。影响 25 年股利政策的关键因素之一是当前的收入。Dhrymes 和 Kurz（1964）则考虑了 Linter 没有考虑到的其他因素（如监管约束、投资量、公司规模等），分析发现股利政策的变化是外生因素和内生因素共同作用的结果。

综观 Linter 后 30 年的从管理者角度考察股利政策的研究，基本结论保持一致，即股利的支付是股东对股利持续增长的预期被管理者感知后的结果，管理者相信为提高股价吸引新的投资者，稳定、持续地支付股利是必要的。

2. 行为金融理论模型

行为金融理论主要运用理性预期、自我控制、后悔厌恶和心理账户等理论从投资者视角对"股利之谜"进行了诠释。

Miller, M. H.（1987）最早运用理性预期理论解释了股利与公司价值的相关性。他们的结论与信号传递理论基本相似，只是解释的原理不同而已。而 Thaler 和 Shefrin（1981）的自我控制说则强调了股利不是资本利得的替代。Thaler（1980）解释，由于股利延后支付的特性使其发挥了自控机制，降低了那些缺乏自控能力投资者的损失概率，诱发了他们对股利的偏好。其后 Shefrin 和 Statman（1984）的自我控制理论和不确定条件下选择的描述性理论（Kahneman and Tversky, 1982）的研究进一步证实了投资者的股利偏好。Kahneman 和 Tversky（1982）用后悔厌恶理论解释了投资者对股利偏好心理的原因。心理账户理论则认为，1 美元红利与 1 美元资本利得是有区别的，因为他们在心理上将资金存入了不同的心理账户中（饶育蕾、张轮，2005）。

3. 股利迎合理论

Baker 和 Wurgler（2004a）以及 Baker 和 Wurgler（2004b）对股利迎合理论进行了全面的阐释并给予了实证检验的支持，证明了股利溢价与股利支付意愿的正相关关系。因此，迎合理论的本质表现为：投资者想要什么经理就给什么。因此，杨汉明（2007）提出，迎合理论是股利政策理论的一块砖。2006 年，Wei Li 和 Erik Lie 对 Baker, M. 和 Wurgler, J. 的观点进行了改进，对持续股利状况进行了迎合理论的解释。显然考虑了投资者需求和情绪的股利迎合理论从行为经济学视角为股利政策研究提供了新的解释。

4. 寿命周期理论

DeAngelo、Harry、Linda DeAngelo、Ren M. Stulz （2006） 对寿命周期理论进行了全面的论述，得出与 Fama 和 French （2001） 一致的结论，证实保留盈余在总资产或总权益中所占的比例与股利支付决策显著相关。

通过对主流股利理论形成发展脉络的梳理，我们不难发现，从市场结构入手形成的信息对称、不对称相关理论更多地探讨了股利存在的原因，揭示了股利与股价和公司价值的关系；而从行为金融学角度、从动机入手的行为理论，更多地分析了影响股利政策制定的因素有哪些，股利政策的特点是什么，更深入地揭开了股利的面纱，为今后的研究提供了理论模型基础和思路。

二 现金股利政策理论演变文献回顾

（一） 现金股利政策国外理论演变文献回顾

以现金股利作为主要股利支付方式的西方发达资本市场基于股利政策理论形成了三大主要现金股利政策理论。

1. 现金股利的信号传递理论解释

现金股利的信号传递理论的研究最早始于 Ross （1977）、Bhattacharya （1979，1980），随后的研究以及 Kwan （1981）、Miller 和 Rock （1985） 的研究都为现金股利传递了公司信息提供了证据。然而，DeAngelo Harry 等 （1996），Benartzi、Michaely 和 Thaler （1997） 等 20 世纪 90 年代后期的研究却没有为信号传递理论提供支撑。

2. 现金股利的行为学解释

正如前述行为学对股利政策的解释，Thaler （1980） 以及 Shefrin 和 Statman （1984） 用自我控制理论、Kahneman 和 Tversky （1982）

用后悔厌恶理论、Baker 等（2002，2003）用股利迎合理论分别对现金股利偏好原因和股利溢价等问题做出了各自的解释。由于已在前一部分论述，这里不再重复。

3. 现金股利的代理成本理论解释

在 Berle 和 Means（1932）将现金股利代理成本问题研究核心界定为现金股利是否可以缓解管理者与全体股东利益冲突、降低代理成本的框架下，Rozeff（1982）明确了现金股利可以通过迫使管理者外部融资、减少非盈利投资项目可占用的现金流和现金支付的压力三种方式降低代理成本。此后，Easterbrook（1984）和 Jensen（1986）完善了现金股利代理成本理论的基本思想（袁振兴、杨淑娥、王冬年，2007）。

Easterbrook（1984）界定了两类代理成本，即监督成本和与管理者厌恶风险相关的代理成本。Jensen（1986）则借助于"自由现金流"概念诠释了现金股利降低代理成本的机制。后续大量研究对 Easterbrook 的研究给出了有力的支撑，如 Baghat（1986）、Smith（1986）、Hansen 和 Torregrosa（1992）、Jain 和 Kini（1999）等。Fluck（1998）将现金股利解释为避免股东对其实施处罚的方式，Crutchley 和 Hansen（1989）证实了现金股利对管理者持股和财务杠杆的替代效应，Thanh Truong、Richard Heaney（2007）为金融机构大股东偏好支付股利提供了证据。

Shleifer 和 Vishny（1997）提出的"控股股东的代理问题"揭示出不同于传统代理成本假设前提的第二类代理问题，使现金股利代理理论开始向利益侵占假说演变。

第一个基于第二类代理问题研究股利政策的是 La Porta 等（2000）。他们后续的系列研究更进一步从宏观制度层面考虑投资者法律保护制度对现金股利政策的影响，证实了投资者法律保护水平的高低显著影响现金股利政策。随后，Faccio、Lang 和 Young（2001）开展的西欧和东亚市场的比较研究，证实了支付现金股利实现了现金流向全体股东的转移，降低了控股股东独占企业财富、侵害小股东利益的可能。继续从控股股东类型入手，针对德国上市公司展开的 Gugler

和 Yurtoglu（2001）的研究提供了不同类型控股股东对现金股利不同偏好的证据。而这在 Angeldorff 和 Novikov（1999）对瑞士私人控制公司现金股利支付的研究以及 Cronqvis 和 Nilsson（2000）关于家族控制公司现金股利政策的研究中都曾被关注。Cronqvis 和 Nilsson（2000）证实两权分离的家族控股股东对现金股利政策的控制更强（金殷、陈旭东，2011）。

对以上三种现金股利理论比较发现，信号理论仍存在不一致的结论，很大程度上在于其建立的假设前提是股东与管理者不存在利益冲突，而这在现实的公司治理环境下很难实现，因而在对现金股利的解释上仍存在矛盾。行为金融理论对现金股利的解释虽有新意，但许多解释变量难以取得有效数据，假设条件难以保证实现，目前尚处于起步阶段。而现金股利代理成本理论以公司为研究对象，沿着公司治理机制的完善、如何保护股东权益这一主线逐步深入，在由传统代理理论向利益侵占理论演化的过程中，研究视角也从表面的股权结构对现金股利的影响逐步深入到实质的终极所有权结构对现金股利的影响，在揭示现金股利政策丰富内涵的同时，更展示了股权结构、终极所有权结构等公司治理机制如何通过现金股利影响公司治理绩效，为如何构建有效的公司治理机制提供了全新的视角和信息，这也决定了现金股利代理成本理论成为当前股利政策领域研究的重要理论框架，终极所有权结构也成为本领域研究的新视角。

（二）现金股利政策国内研究文献回顾

资本市场起步晚的现实使我国的现金股利政策研究自 20 世纪 80 年代中后期才开始国外股利政策理论的介绍，活跃的研究自 20 世纪 90 年代后期开始。考察已有研究成果，主要的研究内容涵盖信号理论对我国现金股利政策解释力的验证和影响现金股利政策的因素探讨。

1. 信号理论检验文献回顾

我国对信号理论的检验提供支持证据的研究主要有运用事件研究法开展的股利公告效应检验的张水泉、韩德宗（1997）的研究，陈晓、陈小悦、倪凡（1998）首次股利信息传递的研究，俞乔、程滢（2001）首次公告和一般分红公告的研究和陈伟、刘星、杨源新

（1999），田祥新、徐国栋、周永强（2003），孔小文、于笑坤（2003）的研究。不支持信号理论的研究有魏刚（1998）、陈浪南和姚正春（2000）以及何涛、陈晓（2002）。他们都特别证实现金股利不具有显著的信号传递作用。同时，一些学者对股利政策传递了什么信息也给出了证据。如李常青、沈艺峰（2001）指出，股利政策传递了公司当年盈利信息而不传递未来盈利能力信息。曹媛媛、冯东辉（2004）针对我国股利政策的不稳定特点，也证实股利变动不反映公司未来盈余的信息（张涛、王丽萍，2006）。

2. 影响我国上市公司现金股利政策因素的文献回顾

对现金股利政策影响因素的研究角度众多，包括盈利能力、成长能力、偿债能力、代理问题、资产规模、资本结构等多个切入点，已经形成了许多有价值的结论。

最初影响因素的研究主要考察公司微观治理变量，先后明确了不同的影响因素。投资价值、盈利能力、长远发展信心、资产流动性是刘星、李豫湘、杨秀苔（1997）确定的四大重要影响因素。吕长江、王克敏（1999）提出了公司规模、负债水平、股东权益、盈利能力、流动能力、国有及法人控股程度、代理成本影响因素。杨淑娥、王勇、白革萍（2000）重点检验了权益结构和股本的影响。刘淑莲、胡燕鸿（2003）证实了现金股利与资产负债率负相关、与资产规模和每股收益正相关。林海（2000）证实了收益与现金股利支付水平的正相关关系。叶虎华（2006）为收益水平较高的上市公司的现金股利可以替代股票股利提供了证据。部分学者对我国现金股利异常支付现象的研究也发现了其他影响因素，如周好文、李增福、唐春阳（2004）和袁天荣、苏红亮（2004）发现了行业影响因素，伍丽娜、高强、彭燕（2003）提出了上市公司净资产收益率是否达到配股达标线区间这一新的因素。

近年来，国内许多学者更多地开始沿着国外代理成本理论的思路研究我国的现金股利政策，却发现了与西方理论预期结果截然不同的证据。学者们从我国特殊的制度背景和股权结构特点入手，发现了许多大股东利用现金股利进行利益侵占的证据，表明：在中国，现金股利并没有像传统代理成本理论解释的那样扮演有效降低代理成本工具的角色,而是被异化为利益侵占的工具。这一结论的形成源自 Lee 和 Xiao(2002)对我国现金股利政策的研究。也正是他们的研究,"利益侵占"概念被引入我国股利政策研究领域,改变了学者们从传统现金股利代理成本理论切入的研究思路,现金股利利益侵占假说框架逐步成为后来研究的新视角,主要研究切入点围绕股东性质和股权集中度展开。

考虑股东性质特点开展的研究主要围绕股东的流通性展开,不同学者的研究虽然研究方法各有不同,但却都得到了较为一致的结论,即非流通股对现金股利分配具有重要影响,他们利用现金股利为自己谋取私利。这在原红旗(2001),陈建梁和叶护华(2004),应展宇(2004),何卫东(2004),唐国琼和邹虹(2005)及唐国正(2005)的研究中都得到了证实。但是,唐国琼和邹虹(2005)的研究同时强调了市场行政监管手段显著影响股利政策。

基于股权集中度的实证研究发现了现金股利支付和股权集中度显著正相关的新问题。这一结论在余明桂、夏新平(2004),阎大颖(2004),胡国柳、黄景贵(2005),唐跃军、谢仍明(2006)以及唐清泉、罗党论(2006)的研究中都得到证实。阎大颖(2004)主要关注了派现概率与股权集中度的正相关关系,余明桂、夏新平(2004),胡国柳、黄景贵(2005),唐跃军、谢仍明(2006)以及唐清泉、罗党论(2006)分别关注了第一大股东或控股股东与现金股利支付水平的正相关关系。虽然,各研究的具体切入点都不同,但都形成了现金股利被控股股东或第一大股东利用实现利益输送的结论。

同时也有其他学者直接对"利益输送"假说和"自由现金流"假说进行了验证。对"利益输送"假说予以检验的研究包括陈信元、陈东华、时旭(2003),刘峰、贺建刚(2004),苏武康(2004),肖珉(2005)等。而谢军(2006)的检验结果则为"自由现金流"假说提供了证据。

随着资本市场改革进程的加快,股权分置改革自 2005 年全面推开,这为现金股利政策的研究提供了前后不同的制度背景,使股改前后现金股利政策的比较研究成为新问题被部分学者关注。相关研究形成两种不同的结论,其一是股权分置改革后现金股利政策和影响现金股利政策的因素都没有发生显著变化,如徐晓颖(2008)和党红(2008)。另一截然不同的结论则证实股权分置改革一定程度上抑制了现金股利的利益输送行为,如陈健健(2007)基于股改后大股东视角的研究和高峻(2009)基于国有控股上市公司股权分置改革后现金股利政策的研究。虽然由于受数据所限这一方面的研究证据不多,但已有的部分证据初步显示:股改一定程度上抑制了大股东利用现金股利进行利益输送的行为,达到了预期的目的,但并没有从根本上解决问题,股利政策的机制效应并没有完全体现。

总体而言,我国的现金股利政策的研究主要是围绕着代理成本理论的深入展开的,虽然也有个别学者开展了行为金融角度的研究,如黄娟娟、沈艺峰(2007)对股利迎合理论进行了检验,发现我国的现金股利迎合的是大股东和控股股东的需要而不迎合中小股东的利益诉求。但是,由于该领域研究数量少而在现金股利政策的研究中处于非主流地位。

第三节 终极所有权结构理论发展及其与现金股利政策关系的文献综述

一 国外研究动态

La Porta、Lopez – de – Silanes、Shleifer(1999)在其"Corporate Ownership Around The World"研究中,根据企业所有权结构及其相应控制机制理论,构建了终极产权理论,提出了终极控制人这一全新概念。在所有权关系链的层层追溯中,发现了现金流权和控制权的特殊性,界定了终极所有权结构新概念。他们在终极产权理论框架下,对上市公司年报所披露的第一大股东的控制链关系进行向前追溯,找到了最终的控股股东,将这一最终控股股东定义为终极控制人。由于终极控制人通过直接或间接的方式拥有公司的股权，所以，他们将终极控制人直接和间接各层次链条上各环节代理人控股比例乘积之和定义为现金流权，即所有权。而用各控制链上最低持股比例之和计量控制权，代表终极控制人的投票表决权。基于以上对现金流权和控制权的计量，他们定义了终极控制人不同的现金流权和控制权的配置状况就是终极所有权结构。因此，现金流权、控制权、控制权减去现金流权即两权分离度三个变量的大小代表了终极所有权结构量的内容，而终极控制人的产权性质等内容则代表了终极所有权结构的质的内容。学者们根据他们的理论框架展开了对不同国家终极所有权状况的研究，证实了上市公司存在终极控制人，而且存在现金流权与控制权的两权分离情况。如 Mara Faccio、Larry H. P. Lang（2002）对西欧市场的研究和 Claessens 等（2002）关于东亚市场的研究。同时，Claessens 等（2002）的研究更进一步证实了终极控制人的存在和两权分离的现实对公司价值带来了负面影响。而 Dewenter 和 Warther（1998）在考虑了控制权结构后开展的日本企业派现行为研究也证实了：由于日本企业特别是企业集团借助于交叉持股和金字塔式的控制结构，导致控制股东拥有控制权，主导公司股利决策，使不派现和减少派现的可能增大，因而，与美国相比，日本企业尤其是企业集团的下属企业经常出现减少派现甚至不派现的现象。

　　以上研究所发现的新问题和所形成的新结论已经与传统基于股权高度分散治理背景的研究完全不同，特别是对东亚法律保护水平较低的资本市场上的特殊现金股利政策现象的揭示将公司治理研究方向推向中小股东与控制性股东代理问题的解决。因而将基于股权结构的研究推向新的视角，学者们开始从终极所有权结构的视角展开关于公司治理绩效和公司治理机制等方面的研究。其中涉及现金股利政策的研究也因此从股权结构的视角转向终极所有权结构视角，深入探讨现金股利在解决控制性股东和小股东的代理冲突中扮演什么角色。

　　虽然 La Porta 等（2000b）的研究为股利政策研究提供了新的研究思路，但此时的研究是根据公司成长特性和控制了不同的法律环境后，对其建立的结果模型和替代模型的检验，主要关注的是资本市场法律保护制度对现金股利的影响,此时的研究并没有真正从终极所有权结构入手展开,但其却为之后这一领域的研究提供了一个很好的视角。

真正将终极控制变量引入现金股利政策的研究始于 Faccio 等(2001)。他们引入现金流权除以控制权变量,将其与股利支付率进行回归,对来自西欧 5 个国家和东亚 9 个国家的 5897 家不同规模的公司进行实证分析,发现:较低的现金流权/控制权意味着控制性股东具备更多地通过金字塔结构的控制链进行内部关联交易进而剥削小股东的能力,因此,发放较低的股利。另外,如果投资者可以有效判断出这种特殊结构潜藏的控股股东对其利益的剥削,就会拒绝为此类公司提供资金。因此,西欧良好的法律保护环境带来了较高的股利支付率,而东亚较弱的法律保护环境使控制性股东相互勾结掠夺中小股东成为可能,现金股利支付成为控制性股东利用的工具。以后的研究运用相同的方法得出了基本相近的结论。如以芬兰为研究对象的 Maury 和 Pajuste(2002)的研究证实了控制权和股利支付率存在负相关关系。Gugler 和 Yutroglu(2002)对德国股利变化宣告效应的研究在证实股利支付率与第一控股股东的持股比例负相关的同时,也发现了第二控股股东的持股比例与股利支付率正相关关系的存在。

La Porta 等(2002)对前期的研究成果继续深入,发现股利政策制定与现金流权在控制性家族控制的公司中存在相关关系,并指出:位于东亚国家和地区的公司如果存在同股同权不同价现象,则非常可能以现金股利实现对中小股东利益的掠夺。

Dyck A 和 Zingales L(2004)则指出,终极控制股东的两权分离使其产生获取私有收益的动机,从而影响了公司的现金股利政策。

Lucianamancinelli 和 Aydinozkan(2006)以意大利 139 家上市公司为对象,追溯终极控制人的控制权为解释变量,进一步证实,具有强控制权的大股东并没有发挥其应有的监控作用,尤其当控制权被具有强控制力的几个股东控制时,高股利的派发是他们合谋的结果。但是,控股股东控制权集中度与股利支付率的负相关关系也在 Renneboog 和 Trojanowski(2011)的研究中得到证实。

以上研究都从终极所有权结构量的方面验证了它与股利政策之间的关系，以下研究则关注了控股股东类型对股利政策的影响。Gugler（2003）从不同股东类型入手研究奥地利的上市和非上市公司（其样本中上市公司比大约为五分之一，非上市公司大多只有一个股东）的股利政策证明：政府控制公司在投资机会良好的前提下比家族控制公司发放更多的股利，并选择股利平滑政策。银行控制和外资控制的公司的股利政策则居于两者之间。来自土耳其的 Yutroglu（2000）的研究也给出了相似的证据支撑。

来自英国的 Renneboog 和 Trojanowski（2005）研究综合考虑了控制权结构和股东类型质与量两个方面的因素，证实了集中的大股东控制权与股利支付率有负相关关系，但如果考虑股东类型则影响会发生变化。

二 国内研究动态

国内对终极所有权结构的研究始于公司价值与终极所有权结构关系的分析。从苏启林、朱文（2003）和刘芍佳、孙霈、刘乃全（2003）到此后的叶勇、何伟、胡培（2005）及王鹏、周黎安（2006）和马忠、陈彦（2008）的研究都集中于此。从邓建平和曾勇（2005）开展了家族控制公司的研究后，陆续有学者开始了基于终极所有权结构视角的现金股利政策研究。在邓建平和曾勇（2005）发现了两权分离度与现金股利负相关、现金流权与非理性派现意愿正相关结论的基础上，后续的研究或从终极所有权结构量的方面，或从质的方面，或综合考虑质与量两方面进行实证检验。

朱滔、王德友（2007）的研究重点考察了终极所有权结构量的方面对股利政策取向的影响，证实了两权分离度与现金股利支付意愿和支付水平的负相关关系。这在后来姚丹珺（2014）的研究中也得到了证实，但是，姚丹珺（2014）的研究同时验证了控制权与现金股利支付水平的"U"形关系。而罗宏和黄文华（2008）则主要从终极所有权结构质的方面重点研究了国有属性对现金分红的偏好，为代理成本理论提供了新的证据。

综合考虑终极所有权结构质与量两个方面展开的研究以王化成、

李春玲、卢闯（2007）的较早。他们从两权分离度、集团控制和控股股东经济属性作为切入点，研究发现：集团控制的公司比非集团控制的公司表现出更低的分配意愿和分配水平，民营控制的公司在派现意愿和分配水平上表现出比国有属性控制更高的水平。而分离度依然与分配意愿和分配水平具有负相关关系。另外，重点考察控制权水平对现金股利支付水平影响的宋玉、李卓（2007）的研究，提出了控制权与现金股利支付水平存在"U"形关系，地方政府控制的公司有更高的派现意愿。颜亨莎（2014）的硕士研究论文虽然对国有属性的检验和分离度的检验结果都与已有结论一致，但却发现了控制权与每股现金股利正相关的新现象。

而近年来的相关研究，研究视角不断有所创新。徐治国（2008）将股权分置改革这一制度变化因素引入研究，对比了股改前后的派现概率与终极所有权结构关系变化，证实：股改前的股权分置条件扭曲了股利决策机制，股改后的现金股利政策仍然主要受制于实际控制人的现金流权。杜柯、李光凤（2013）则从内部资本市场理论的角度解释了不同控制权水平的终极所有权结构在现金股利分配水平上所具有影响的差异性的原因在于存在于民营企业系内部的资本市场。对基于终极所有权结构的现金股利政策的研究而言，这是一个全新的研究切入点。而同样以民营上市公司为研究对象的刘金星、宋理升（2013）则引入政治关联这一新变量，研究证实：高层级的政治关联会带来较高的现金股利发放概率，市场化水平较高的地区这种现象更显著。

第四节　投资者法律保护、终极所有权结构与现金股利政策关系的文献综述

基于终极控制人侵占小股东利益理论框架展开的终极所有权结构和现金股利政策关系的研究在验证终极所有权结构对现金股利政策影响的同时，也验证了现金股利政策是否体现了对投资者的法律保护。所以，以上的文献回顾已经体现了投资者法律保护与现金股利政策关

系的研究成果，也涉及了投资者法律保护对终极所有权结构与现金股利政策二者关系影响的研究成果。有鉴于此，以下文献回顾重点围绕该领域的经典文献和没有重复的文献展开，重复文献不再赘述。

作为研究投资者法律保护的经典文献和主要的理论体系，La Porta 等（2000）的研究不得不再次提及。他们的研究中建立的结果模型和替代模型成为此后学者们开展投资者法律保护与现金股利政策关系的主要理论指导。他们验证的发达国家现金股利政策是法律保护的结果的论断在后续研究中，特别是新兴资本市场的研究中不断被更新、拓展和否定。基于他的研究，Faccio 等（2001）关注了法律保护对现金股利政策的影响，选择来自不同法律制度背景下的上市公司为研究对象，发现了处于法律保护较强环境下的西欧的现金股利政策对结果模型的支持证据。同时，也提出了东亚的现金股利政策异化为了控制性股东剥削少数股东的工具的结论。

国内学者关于投资者法律保护的研究最初的切入点集中于法律保护机理、法律保护与公司治理关系和法律保护评价指标体系构建三个方面，并没有直接将法律保护引入现金股利政策研究领域。王信（2002）的规范研究也只是通过对派现水平的对比分析总结认为法律保护不力和制度缺失是导致上市公司派现水平低的原因，并没有开展实证检验。此后，直至 La Porta 等（2000）提供了研究的模型后，才开始出现这方面的实证研究。其中以袁振兴和杨淑娥（2006）的研究为主要代表。他们通过纵向法律保护不同阶段的分析为结果模型和替代模型提供了来自我国的证据。他们同时借助于是否交叉上市变量的引入开展横向研究后证实了我国现金股利政策似乎更支持结果模型。在他们研究的引导下，程敏（2009）借鉴他们的思路，以海内外不同资本市场环境衡量投资者法律保护检验发现：由于海外严格的投资者法律保护机制和良好的信息披露制度及有效市场监管共同形成的良好治理环境较好地实现了对投资者利益的保护，所以带来了海外上市公司显著高于内地上市公司的派现意愿和派现水平，这与袁振兴和杨淑娥（2006）的结论保持了一致。不难看出，已有研究的重点集中于现金股利政策和法律保护关系的检验。赵中伟（2012）则以香港和内地两地上市公司为研究对象进行比较研究发现：股利支付是法律保护的结果。虽然在其研究中也考虑了控制结构，但没有对控制结构进行直接量化检验，而是以虚拟变量的方式引入，并没有直接体现终极所有权结构变量的影响。后来的研究也主要是借助于对终极所有权结构与现金股利政策关系的揭示证实现金股利政策更多地体现控制性股东对中小投资者利益的侵占。近两年来，学者们开展的研究逐步开始对投资者法律保护进行量化，全面检验它对终极所有权结构和现金股利政策关系的影响。李志军、徐寿福（2013）对A股上市公司的检验发现：高法律保护水平削弱了终极控制人对现金股利支付水平的边际影响。张俭、石本仁（2014）以家族企业为研究对象，实证检验了制度环境、两权分离度与现金股利支付意愿和支付水平的关系。实证结果证实：派现意愿和派现水平与两权分离度关系因制度环境的差异而不同。良好的制度环境形成的投资者法律保护机制可以抑制家族企业少分红的行为；相反，较差的制度环境强化了派现水平与分离度的负相关关系。

第五节　本章小结

前述关于现金股利政策研究国内外文献的梳理和发展趋势及特点的综述，使我们初步厘清了现金股利政策研究和基于终极所有权结构的现金股利政策研究的脉络。终极所有权结构作为研究现金股利政策的最新的切入点是国外研究的明显趋势，但国外更多地研究了不同法律制度背景下的差异，关于新兴资本市场上现金股利政策与终极所有权结构关系的研究较于发达市场仍显不足，尤其缺乏来自中国资本市场的数据支撑。

国内研究的突出特点为：①从研究内容看，多是从终极所有权结构的某一个方面展开，关于投资者法律保护如何影响终极所有权结构与现金股利政策的研究证据较少；另外，自2005年实施全流通改革后，本书的研究背景发生根本性变化，引发股权分置改革后终极所有权结构与现金股利政策关系如何变化的新问题。除前文提及的徐治国（2008）对这一问题进行了研究，其他已有研究如徐晓颖（2008）的简单统计分析和陈健健（2007）基于股权结构的研究都没有从终极所有权结构关键变量引入的层面展开。因此，研究内容整体各自为政、缺乏系统性。②从研究对象看，民营和家族上市公司的研究远远多于整体上市的公司研究。③从研究数据看，多为横截面数据，或2—3年数据，数据量少，缺乏动态性。

以上对研究文献的评述和总结显示：基于终极所有权结构的现金股利政策的实证研究是当前该领域内的重点课题，研究内容上仍有许多问题值得深入，研究体系有待完善。这一现状为本书的研究提供了思路，本书选择从终极所有权结构切入现金股利政策研究，通过系统研究框架的建立，尝试从不同视角展开对我国现金股利政策实质的探讨和剖析，试图提供新的解释。同时也为我国投资者法律保护的效果和股权分置改革的政策效果进行检验，进而提出有效的政策建议。

第三章 终极所有权结构与现金股利政策特征统计分析

中国的资本市场在市场经济改革的不断深化中逐步成长、不断成熟。每一步的成长都体现出环境变革的特点，因而，资本市场的制度始终体现出中国特定时期、特定制度背景的需求，使得我国这一发展中国家的新兴资本市场在许多方面具有了与国外资本市场截然不同的特点。这些特点必将影响运行于这一制度环境中的上市公司的各项政策。作为上市公司主要政策之一的现金股利政策毫不例外地会受到特殊制度环境的影响而表现出异于发达资本市场的特殊性。为对我国资本市场现金股利政策这一传统问题和终极所有权结构这一新生事物有全面而准确地把握，本章主要开展这一传统问题和新生事物的统计分析，借助于基本情况的统计分析全面描述当前上市公司的现金股利政策和终极所有权结构的特征。

第一节 现金股利政策特征的统计分析

一 样本说明

为较为全面地描述我国资本市场的现金股利政策现状，我们选取1994—2012年沪深两市A股所有分派现金股利的上市公司为初始样本，按以下原则处理后形成统计分析样本。处理原则主要包括：第一，鉴于金融行业会计处理和资本结构的特殊性以及特殊法律监管要求降低了该行业上市公司的可比性，且上市公司数量不多，因此对金融行业上市公司予以剔除。第二，鉴于国家相关法律要求企业盈利方可派现，所以对于可能存在不正常派现的亏损企业也予以剔除，因此所有曾经或已经 ST、PT 的上市公司也从初始样本剔除。由于剔除样本数量不多，故不会对本章结论造成影响。由于本章只研究现金分红，故不考虑送、转、配方式的股利分配。现金分红只包括年度现金股利，中期及其他原因分配现金股利不予考虑。经过以上处理共得到 11984 个观测值，由于股利支付率、收益率等指标计算涉及财务相关数据，部分公司数据不全，因此，剔除缺失数据后，总样本观测值为 11825 个。

本章数据主要来自国泰君安（CSMAR）数据库，包括终极所有权结构数据、现金分红、公司治理和公司财务数据。上市公司总家数数据根据上海证券交易所和深圳证券交易所网站公布的年度统计数据整理形成。

二 现金股利政策特征统计分析

（一）现金股利分配阶段性特征显著

在考察现金股利分配变化的阶段性特征时，为更全面地揭示出变化趋势，我们也考察了 1991 年、1992 年和 1993 年三年的分配情况。

从表 3-1 的统计结果可以看出：在资本市场发展的不同阶段，上市公司分配现金股利的家数呈现出逐步增长趋势，但图 3-2 的趋势发展图却显示分红公司家数在资本市场上市公司总数中所占的比例出现先增长、后下降、再上升后逐步趋于稳定上升的特点，阶段性特征显著。有鉴于此，我们将我国上市公司现金股利政策分为三个阶段。

第一阶段：1994 年以前（含 1994 年），资本市场建立初期。上市公司普遍实施现金股利分红成为该阶段的主要特点。分红公司占全部公司家数比例在 1991—1994 年期间的最高值出现在 1994 年，水平达到 69.42%。该阶段这一分红热出现的主要原因在于新上市公司的融资需求推动。对于一个以新上市公司为主体的资本市场而言，规模的扩张建立于上市公司的增资扩股行为。为实现融资目的，新上市公司借助派现传递良好信息，以建立公司良好形象，实现吸引投资者。

表 3-1　　　　　　1991—2012 年现金分红上市公司情况

年份	现金分红公司家数	上市公司总家数	现金分红公司占上市公司总家数百分比（%）
1991	7	14	50.00
1992	24	53	45.28
1993	115	183	62.84
1994	202	291	69.42
1995	188	323	58.20
1996	167	530	31.51
1997	202	745	27.11
1998	240	851	28.20
1999	275	949	28.98
2000	639	1088	58.73
2001	637	1160	54.91
2002	589	1224	48.12
2003	580	1287	45.07
2004	702	1377	50.98
2005	593	1381	42.94
2006	688	1434	47.98
2007	759	1550	48.97
2008	801	1604	49.94
2009	900	1700	52.94
2010	1107	2063	53.66
2011	1290	2342	55.08
2012	1424	2494	57.10

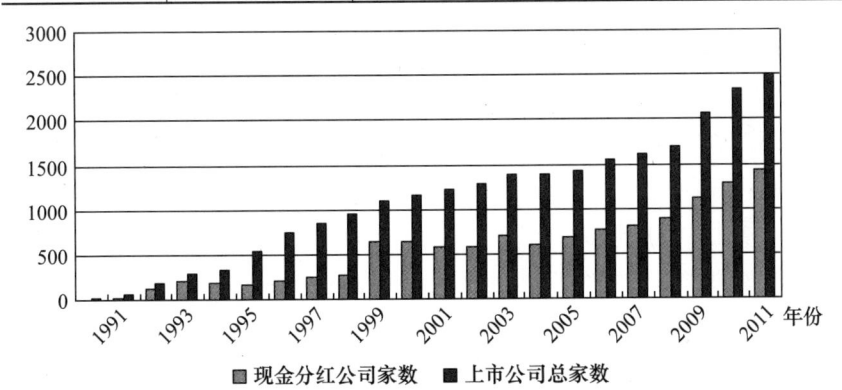

图 3-1　1991—2012 年现金分红公司占上市公司总家数百分比比较

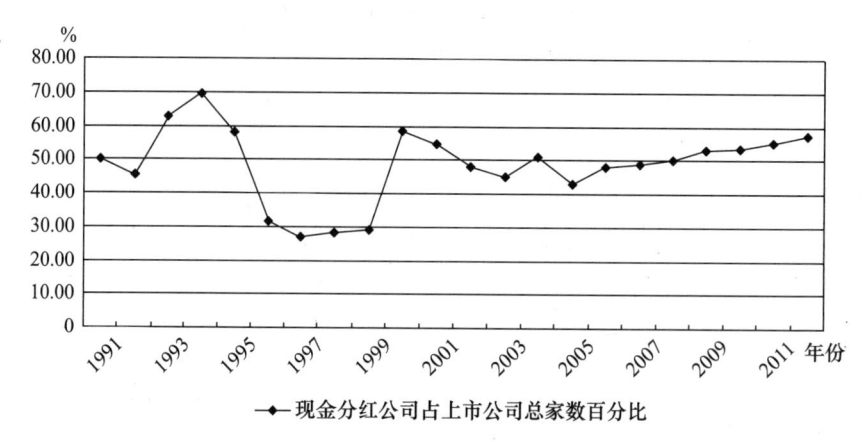

图 3-2 1991—2012 年现金分红公司占上市公司总家数百分比趋势

第二阶段：1995—1999 年，资本市场成长期。随着资本市场的成长和上市公司的不断成熟，分配现金股利公司的家数开始下降，分红公司所占比重大幅度下滑，1999 年迅速下降为 28.98%，相比 1995 年，下降了 29.22 个百分点。相应地，不分配现金股利的公司必然迅速增加，1999 年达到了 71.02%，整体市场派现意愿非常低，表现出与第一阶段截然不同的发展态势。为什么出现如此明显的变化？主要原因有两方面：一方面在于宏观制度环境的不完善和微观主体上市公司资本市场运作经验的累积。处于成长阶段的资本市场，还没有建立起完善的法律法规，相应监管制度也不是很健全，这为上市公司的运作提供许多可资利用的机会。而上市公司经过第一阶段的尝试和不断地摸索，对资本市场有了更深的了解，初步掌握了一定的资本运作经验，发现在缺乏监管的环境下，资本市场是个"圈钱"的好地方，而现金股利分配作为上市公司的非必要义务，此时并没有受到相关制度的约束，因而使上市公司完全可以以"暂不分配"为借口而不进行现金股利分配。另一方面，我国资本市场建立的特殊目的之一就是解决国有企业的资金难题，因而，在这一阶段很大一部分上市公司多脱胎于原有国有企业，政策扶持上市现象严重，背负亏损重担的国有企业上市后首先从资本市场上筹集到大量资金解决自身的资金难题，其次是解决亏损的问题，根本不可能顾及也没有足够的盈利能力派发现金股利。

第三阶段：2000年至今，资本市场规范期。随着市场经济改革的深化，资本市场加强了法律保护制度规范化建设，为规范上市公司融资行为，证监会2000年年末推出新规，现金分红成为考核上市公司是否具备再筹资资格的必要条件。这一关于再融资门槛的新制度带来了新一轮的分红热。2000年，分配现金股利的上市公司激增，由1999年的275家迅速增加到639家，在上市公司总家数中所占比例相应增长到58.73%；2001年出现小幅度下降后，此后的三年，现金分红公司的家数保持了较为稳定的总体水平。然而在2004年却出现了分红公司家数大幅度增加的情况，这是上市公司对即将从2005年开始实施的股权分置改革的一种政策性反应。2006年后的变化则表现出趋于稳定增长的态势。总体而言，该阶段随着资本市场的不断规范和完善，派发现金股利表现出了理性增加的基本趋势，但不可忽视的是，新政策出台年度前后都必然会出现迎合政策需求的分红选择。

表3-2　1994—2012年派现公司的现金股利支付率基本情况统计　单位:%

年份	最小值	最大值	均值
1994	3.37	647.06	57.56
1995	-9.35	204.08	54.75
1996	-18.87	250.00	56.24
1997	3.64	207.28	55.92
1998	2.56	833.33	69.28
1999	4.54	319.15	57.24
2000	3.33	750.00	54.46
2001	-500.00	444.44	48.51
2002	-200.00	500.00	57.18
2003	-125.00	375.00	53.22
2004	2.44	1000.00	56.83
2005	-153.33	416.67	53.39
2006	-39.28	1000.00	49.28
2007	1.91	505.45	36.00

续表

年份	最小值	最大值	均值
2008	-487.80	1071.43	43.20
2009	-5000.00	1162.79	34.54
2010	1.33	1250.00	35.12
2011	-37.50	666.67	35.56
2012	-139.37	37000.00	69.78

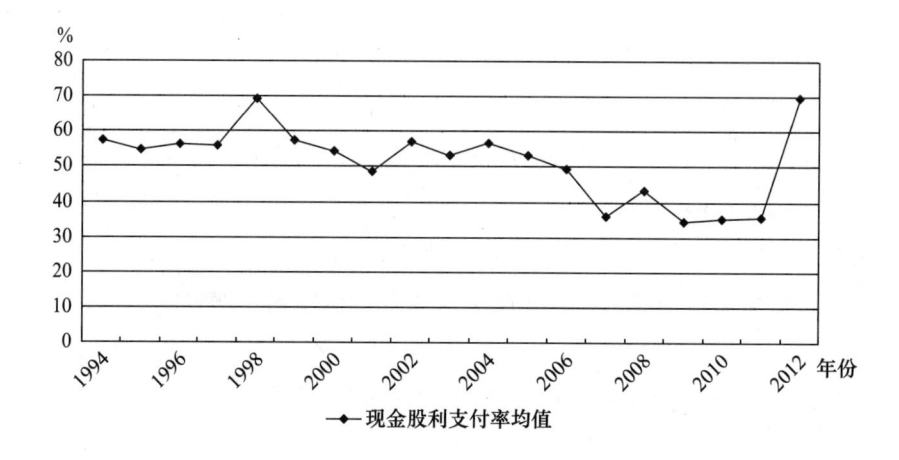

图3-3 1994—2012年分红公司现金股利支付率均值发展趋势

综合三个阶段各自发展趋势，我国上市公司现金股利分配总体阶段性特点表现在以下三个方面。1991—1994年，资本市场建立之初，大部分公司处于对新生事物的摸索时期，纷纷分配现金股利；1995—1999年，资本市场成长阶段，上市公司充分利用不规范的外部约束和对市场的深入了解大肆进行资本融资，不分配现金股利现象尤其严重；2000年后，资本市场逐步迈入规范化运作，上市公司的现金股利分配随市场监管的加强而做出相应的调整，逐步趋于稳定。但不可忽视的是现金分红政策对国家监管政策的变动较为敏感。

（二）派现公司股利支付率水平虽然较高但整体市场水平偏低

考察现金股利支付率基本情况和其均值发展趋势可以看出：2004年是分红上市公司现金股利支付率水平变化趋势的转折点。现金股利支付率由2004年之前的较高水平的稳步增长态势转为下降趋势。1994—1998年的五年间现金股利支付率平均水平增加迅速，在1998年达到了最高水平的69.28%。但自2004年后，现金股利支付率水平总体呈现下降趋势，2008年虽有反弹，但平均水平较之于前十年有较大幅度的下降。1994—2012年这19年间，分红公司的现金股利支付率平均水平达到51.48%，超过了国外成熟资本市场平均50%的现金股利支付率水平。就此而言，分红公司的现金股利支付率水平较高。但如果将现金股利支付率在全部上市公司间平均后，从整体资本市场考察，结果完全不同。仔细对比表3-3数据，观察图3-4的发展趋势，大大低于国外成熟资本市场水平的整体市场现金股利支付率水平清晰可见，且分红公司的现金股利支付率平均水平的变化趋势与整体市场的现金股利支付率平均水平的变化趋势在2001年之前表现出显著的不一致，并在1996年、2000年分别出现了恰好相反的变化趋势。考察1994—1999年的变化，资本市场整体现金股利支付率逐步下滑趋势显著，虽然2000年有所好转，出现了15.39个百分点的增长幅度，总体水平也达到31.98%，但此后仍然有所下降，只是下降幅度不显著，保持了基本稳定的总体水平，平均达到24.12%。这些数据同样说明了现金股利支付的阶段性特征。如果考察整体市场现金股利支付率平均水平与分红公司现金股利支付率平均水平之间差距的变化趋势，可以发现，这一差距自1994年以来逐步缩小，这说明，随着证券市场的不断完善，现金分红行为被越来越多的上市公司所采纳。

表3-3　　　　1994—2012年分红公司与整体市场现金股利
　　　　　　　　支付率平均水平比较　　　　　　　单位:%

年份	分红公司平均水平	所有公司平均水平
1994	57.56	39.96
1995	54.75	31.87
1996	56.24	17.72
1997	55.92	15.16
1998	69.28	19.54

续表

年份	分红公司平均水平	所有公司平均水平
1999	57.24	16.59
2000	54.46	31.98
2001	48.51	26.64
2002	57.18	27.51
2003	53.22	23.99
2004	56.83	28.97
2005	53.39	22.93
2006	49.28	23.64
2007	36.01	17.63
2008	43.20	21.57
2009	34.54	18.29
2010	35.12	18.85
2011	35.56	19.59
2012	69.78	39.84

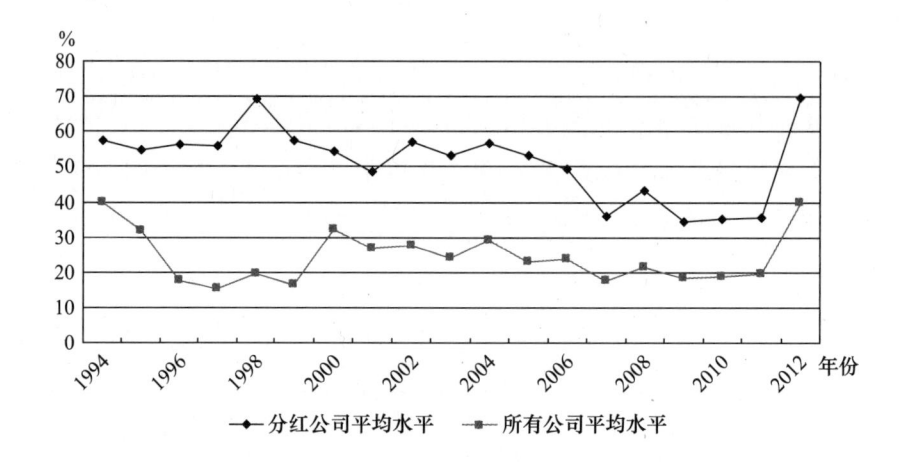

图 3-4 1994—2012 年分红公司与整体市场现金股利支付率发展趋势比较

(三) 现金股利的绝对支付水平偏低

如果考察上市公司现金股利派发绝对水平——每股现金股利情况

可以发现：每股现金股利自1994年开始逐步下降，在1997年有所回升，此后继续下降，尤其在2000年大幅下降到0.14元，而每股现金股利均值历年来的最低点出现在2001年，水平为0.12元，扣除所得税后仅有0.096元，投资者仅获得不到一毛钱的现金红利收益；历年来的众数保持在0.1的水平，意味着大部分公司现金分红水平保持在0.1元；历年来现金股利支付绝对值的平均水平为0.16元，考虑了税收扣除后为0.128元。这样的每股现金股利支付水平不能说是高的。

表3-4　　　　　　1994—2012年每股现金股利基本情况

年份	均值	中位数	众数	最小值	最大值
1994	0.21	0.16	0.10	0.01	2.20
1995	0.17	0.15	0.20	0.01	0.72
1996	0.17	0.13	0.10	0.10	1.00
1997	0.18	0.15	0.10	0.10	0.74
1998	0.18	0.15	0.10	0.10	1.25
1999	0.17	0.14	0.10	0.10	0.80
2000	0.14	0.10	0.10	0.10	0.70
2001	0.12	0.10	0.10	0.10	0.66
2002	0.13	0.10	0.10	0.004	0.60
2003	0.14	0.10	0.10	0.005	1.00
2004	0.15	0.10	0.10	0.005	1.00
2005	0.15	0.10	0.10	0.01	1.00
2006	0.16	0.10	0.10	0.006	3.00
2007	0.16	0.10	0.10	0.006	2.00
2008	0.15	0.10	0.10	0.004	1.67
2009	0.16	0.10	0.10	0.010	1.20
2010	0.18	0.10	0.10	0.008	2.30
2011	0.17	0.10	0.10	0.004	4.00
2012	0.16	0.10	0.10	0.001	6.42
平均	0.16	0.11	0.11	0.008	1.70

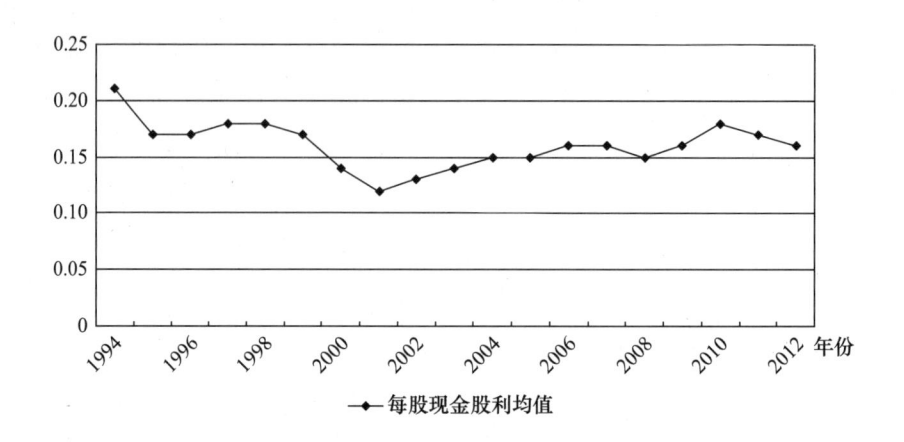

图 3-5 1994—2012 年每股现金股利均值趋势

当我们将每股现金股利水平与前述现金股利分配的阶段性特征对比时发现一个有趣的现象。2000 年，58.73% 的公司支付了现金股利，现金股利支付的相对值水平股利支付率在对所有公司平均后也显著转增，但其每股现金股利水平较之于以前年份而言却显著下降，此后的 2001 年也呈现同样的情况。这说明，2000 年和 2001 年大部分公司派发了现金股利，但派发的水平较低，最少的公司只派发 0.01 元的现金股利。扣除税收，投资者红利收益不到一分钱。这样的现金分红具有"蜻蜓点水"式的特点。这种现象产生的主要原因在于 2000 年出台的有关融资的相关条例将现金分红作为一项重要的约束条件，使得许多公司为获得融资的资格和满足相关法规的要求，而做出迎合政策需求的现金分红政策。此时的现金股利政策，只是体现了政策的要求，并不是从投资者利益保护的角度出发，因而，只要分配就可以，至于分配多少则由公司自我操作。但不可否认的是，如果从每股现金股利自 2001 年后的发展趋势看，每股现金股利水平基本保持稳定增长，没有太大的波动，一定程度上体现了资本市场自身的发展和完善。

（四）现金股利收益率较于发达资本市场水平普遍较低

比较表 3-5、表 3-6 相关数据，进一步观察我国上市公司现金股利收益率水平的变化，可以明显看出：自 1994—2012 年的 19 年间，

表 3-5　　　　1994—2012 年现金股利收益率平均水平　　　　单位:%

年份	平均现金股利收益率
1994	2.52
1995	4.17
1996	1.78
1997	1.90
1998	1.82
1999	1.64
2000	0.85
2001	1.06
2002	1.43
2003	1.39
2004	1.65
2005	2.43
2006	1.61
2007	0.78
2008	2.26
2009	0.83
2010	0.71
2011	1.14
2012	1.26
总体平均	1.64

表 3-6　　　　1990—2012 年人民币存款基准利率变化　　　　单位:%

调整时间	活期存款	定期存款					
		三个月	半年	一年	二年	三年	五年
1990 年 4 月 15 日	2.88	6.3	7.74	10.08	10.98	11.88	13.68
1990 年 8 月 21 日	2.16	4.32	6.48	8.64	9.36	10.08	11.52
1991 年 4 月 21 日	1.8	3.24	5.4	7.56	7.92	8.28	9
1993 年 5 月 15 日	2.16	4.86	7.2	9.18	9.9	10.8	12.06
1993 年 7 月 11 日	3.15	6.66	9	10.98	11.7	12.24	13.86
1996 年 5 月 1 日	2.97	4.86	7.2	9.18	9.9	10.8	12.06

续表

调整时间	活期存款	定期存款					
		三个月	半年	一年	二年	三年	五年
1996年8月23日	1.98	3.33	5.4	7.47	7.92	8.28	9
1997年10月23日	1.71	2.88	4.14	5.67	5.94	6.21	6.66
1998年3月25日	1.71	2.88	4.14	5.22	5.58	6.21	6.66
1998年7月1日	1.44	2.79	3.96	4.77	4.86	4.95	5.22
1998年12月7日	1.44	2.79	3.33	3.78	3.96	4.14	4.5
1999年6月10日	0.99	1.98	2.16	2.25	2.43	2.7	2.88
2002年2月21日	0.72	1.71	1.89	1.98	2.25	2.52	2.79
2004年10月29日	0.72	1.71	2.07	2.25	2.7	3.24	3.6
2006年8月19日	0.72	1.8	2.25	2.52	3.06	3.69	4.14
2007年3月18日	0.72	1.98	2.43	2.79	3.33	3.96	4.41
2007年5月19日	0.72	2.07	2.61	3.06	3.69	4.41	4.95
2007年7月21日	0.81	2.34	2.88	3.33	3.96	4.68	5.22
2007年8月22日	0.81	2.61	3.15	3.6	4.23	4.95	5.49
2007年9月15日	0.81	2.88	3.42	3.87	4.5	5.22	5.76
2007年12月21日	0.72	3.33	3.78	4.14	4.68	5.4	5.85
2008年10月9日	0.72	3.15	3.51	3.87	4.41	5.13	5.58
2008年10月30日	0.72	2.88	3.24	3.6	4.14	4.77	5.13
2008年11月27日	0.36	1.98	2.25	2.52	3.06	3.6	3.87
2008年12月23日	0.36	1.71	1.98	2.25	2.79	3.33	3.6
2010年10月20日	0.36	1.91	2.2	2.5	3.25	3.85	4.2
2010年12月26日	0.36	2.25	2.5	2.75	3.55	4.15	4.55
2011年2月9日	0.4	2.6	2.8	3	3.9	4.5	5
2011年4月6日	0.5	2.85	3.05	3.25	4.15	4.75	5.25
2011年7月7日	0.5	3.1	3.3	3.5	4.4	5	5.5
2012年6月8日	0.4	2.85	3.05	3.25	4.1	4.65	5.1
2012年7月6日	0.35	2.6	2.8	3	3.75	4.25	4.75

资料来源：中国人民银行网站公布的利率水平历史数据（www.pbc.gov.cn）。

上市公司的现金股利收益率波动发展态势显著。现金股利收益率的最高水平4.17%出现在1995年，此后开始整体下滑；2000—2005年六年间呈现上升趋势，此后，除 2008 年出现了一个大的反弹，其他年度仍旧呈现下降发展态势；又一个增长趋势出现的年度是 2011 年。现金股利收益率 19 年平均水平 1.64%，远远低于发达资本市场 5% 的平均水平。为进一步明确现金股利收益率水平偏低的事实，我们将同期银行存款利率水平作为比较对象，进行比对后发现：1994 年、1996 年、2000 年三年的现金股利收益率水平比同期活期存款的利率水平都要低，如果与定期存款水平比较则明显偏低；而其他年份的收益率水平多数都低于定期存款的利率水平，而与国际资本市场平均 5% 的现金股利收益率水平比较而言，差距较大。尤其在 2000 年，在上市公司大面积派发现金股利的情况下，投资者的收益率却不到 1%，也低于同期银行存款 0.99% 的利率。再次证实了现金股利的派发只是为迎合政策需要的毛毛雨，并非公司出于对投资者利益的保护和公司理性决策的结果。

（五）现金股利政策不具有显著连续性

稳定连续的现金股利政策是西方发达资本市场上股利政策的基本特征，这在 Linter（1956）关于美国公司股利政策的研究中给予了肯定。他们发现发达资本市场上的绝大多数公司保持了股利政策与盈利能力的一致性，形成了稳定的支付政策。只有当公司盈利能力有实质性变化时才会出现股利政策的变更。这一结论在西方成熟资本市场股利政策的研究中较为稳定地出现了。然而，我国的现金股利政策在稳定性方面却出现了与西方不同的特征。

从表 3-7 的数据可以看出：首先，派发现金股利的公司在 19 年间，有 311 家公司的派发行为不具有连续性，有 1671 家公司保持了至少 2 年及以上派发现金股利的连续性。就此而言，现金股利的派发具有一定的连续性。但比较不同的连续派发年数中公司家数的分布可以看出，连续两年派发的公司家数最多，连续三年派发的公司家数位居第二。如果再加上不派发公司家数，它们占了现金股利派发公司的绝大多数。显然，尽管现金股利派发行为表现出一定的连续性，但连续期间较短。进一步考察派现连续 10 年以上的情况可以看出，公司的家数随着连续年数的增加而显著减少。坚持 19 年均派现的公司仅有9家。这些现象都可以说明我国的现金股利政策不具有显著的连续性;其次,考察连续派发的时间段分布可以发现:2000—2001年和2007—2008年是连续两年派发的主要时间段,而连续三年派发的时间段则为2006—2008年,2000—2008年则是连续九年派发的集中区间。这些时间段的分布显示出,连续派发行为随着资本市场的不断发展而逐步增多,但不可否认,迎合政策的行为仍旧存在。如2000—2001年这一时间段连续派发的公司,无疑是资本市场融资政策变更下的产物。最后,我们发现在2007年后新上市公司的现金股利派发行为的连续性较为显著。2010—2012年连续区间的高频率出现以数据证实现金股利政策的连续性在新上市公司身上得以显著体现。综上所述,尽管随着资本市场的发展和完善,现金股利派发的连续性在近年来有所改善,但总体连续性特征仍旧不显著。

表 3-7　　　　　1994—2012 年现金股利连续派发情况

连续派发的年数	连续派发公司家数
0	312
2	382
3	351
4	198
5	160
6	131
7	93
8	49
9	69
10	43
11	38
12	37
13	66
14	24
15	11
16	10
19	9

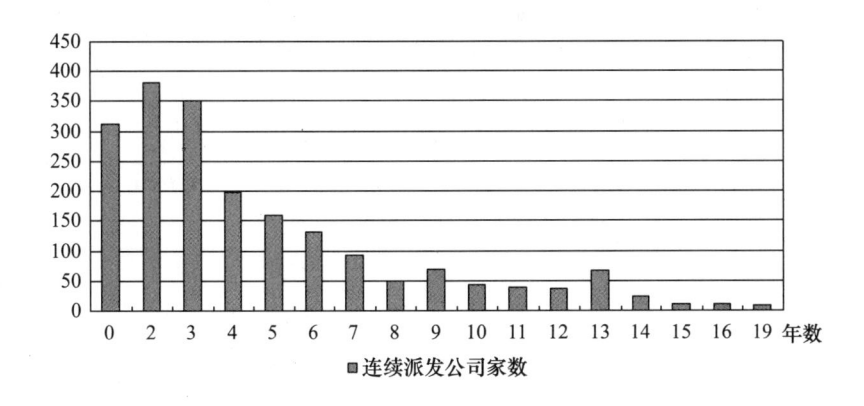

图 3-6 1994—2012 年现金股利连续派发公司分布情况

（六）现金股利分配存在行业差异，但差异不显著，没有显著规律性

由于行业特质不同导致行业的盈利水平和现金流水平有较大的差异，这使现金股利分配的基础存在差异，这种差异是否会带来现金股利政策的行业差异呢？我们对样本按照行业进行分类后，对现金股利支付率和每股现金股利进行了分行业统计分析，分析结果显示：这19年间，各行业的现金股利支付水平虽然存在差距，但除个别行业外，整体水平差异不显著，也没有明显的规律性。现金股利支付率最高水平为53.18%，出现在电力、煤气、水这一垄断性行业，而与其水平相近的行业既有竞争性较强的社会服务业、制造业，也有农业这一传统产业。现金股利支付率最低水平出现在建筑业，仅有31.05%。其他如交通运输、仓储业和传播文化业、批发零售业和综合类行业水平相当。另外考察各行业现金股利绝对支付水平，则表现出与相对水平不同的情况。采掘业0.26元的每股现金股利是各行业间的最高水平，最低水平0.11元出现在建筑业、房地产、综合类行业，其他行业间没有表现出显著差距。处于上游水平的行业包括交通运输业、仓储业、制造业、信息技术、电力、煤气和水行业，它们有的是竞争性行业，有的是资源垄断性行业，既有新兴科技行业，也有传统生产性行业。因此，各行业的现金股利政策没有表现出显著的规律性和差异性。

表 3-8　　　分行业每股现金股利及现金股利支付率情况①

行业	每股现金股利			现金股利支付率（%）		
	最大值	最小值	均值	最大值	最小值	均值
农业	1	0.01	0.14	285.71	3.24	48.81
采掘业	3	0.01	0.26	500	2.44	37.80
制造业	6.42	0.001	0.17	37000	-5000	51.80
电力、煤气、水	0.6	0.004	0.14	600	-39.28	53.18
建筑业	0.51	0.005	0.11	135.14	1.33	31.05
交通运输、仓储业	1	0.006	0.15	500	-83.33	46.10
信息技术	1	0.01	0.16	500	-500	43.80
批发零售业	1	0.005	0.15	746.27	2.63	47.17
房地产	0.8	0.004	0.11	666.67	1.67	35.65
社会服务业	0.85	0.01	0.14	619.05	-245.50	52.88
传播文化业	0.8	0.02	0.13	1071.43	-7.50	48.36
综合类	2.2	0.004	0.11	647.06	-125	49.05

（七）非良性派现行为在现金股利分配中时有发生

前述现金股利相对支付水平的分析数据显示：现金股利支付率大于1的现象频繁出现，甚至最高水平达到了37000%，说明每股现金股利远大于每股收益水平，最大可到37000倍。同时，还存在大量现金股利支付率水平为负数的现象，这说明当年公司每股收益为负数，即当年亏损，显然分派的现金股利来源于以前年度的留存收益。如果动用以前年度的收益和现金派发股利，不仅会对公司此后的发展造成一定程度的影响，也体现不了股利分配"无利不分"的基本原则。这种现金股利的派发是一种非良性派发，是公司为了某些特殊目的需要而形成的，但在我国近年来的资本市场上却频繁出现，以上描述的行为出现在损害中小股东利益的同时也影响了资本市场的健康运行。总

---

① 表内行业按2001年4月4日，中国证监会公布的《上市公司行业分类指引》分类。2012年10月26日，中国证监会公布了新的行业分类指引，由于样本数据取自国泰君安数据库，而样本研究年度截至2012年，此时，数据库尚未完成行业分类的调整，故行业分类依旧采用了2001年的分类方法。

结实践中各种情况，我们将非良性派现分为三种形式：一是超能力派现。如果当年净现金流量小于派现总额或者每股收益小于每股现金股利，可以确定为超能力派现。超能力派现使用上市公司以前年度留存的利润或现金进行支付，减少了公司可支配现金数量，在降低公司今后现金股利派发能力的同时，由于公司资金周转压力加大而降低了公司可持续发展能力。这使得公司难以获得良好投资机会可能带来的投资获益，造成公司收益水平的下降，影响公司价值提升，投资者仍旧是最终利益的受损者。曾出现这一类非良性派现行为的公司有承德露露、莲花味精、华天酒店、万向钱潮、山东巨力。它们2002年的派现水平都超过了其当年的每股收益水平。更为极端的案例如盐田港和南京水运，甚至出现了拟派现金额大于期末货币资金的情况。二是融资派现。具体表现为刚配股就派现和上市后马上高派现两种行为。用友软件2001年的高派现是其中典型的案例。2001年用友软件的现金股利政策是每10股派6元（含税），这一分配比例要求公司为投资者支付6000万元的现金，但当年用友软件全年净利润为70400601元，当年新股发行募集资金的12940000元利息收入涵盖在内。按照规定，募集资金只可用于招股说明书指定的用途。因此，派现金股利时应该扣除这一部分收入。如此计算后，用友公司上年度未分配利润286436元加上计提法定盈余公积金和公益金后剩余的未分配利润，可用于分配的利润是49127947元，这显然不足以支付6000万元的现金分红。这意味着，用友公司没有足够的盈利能力支撑其高额的现金股利发放。因此，募集资金成为实际支付现金股利的资金来源。同时，高额的现金股利进入谁的手中了呢？仔细研究用友公司当时股权结构发现：王文京是公司第一大股东，股权比例为55.2%，因此，因现金股利可得现金3312万元，现金股利的投资回报率高达54%。真正派给二级市场所有中小投资者的现金股利总额是1200万元，投资回报率只有1.6%。毫无疑问，2001年用友公司的高派现现金股利政策的真正受益人是王文京，中小投资者只是分到了象征性的一杯羹。如果再推出一次如此的分红政策，王文京的投资就可以轻松地在短短两年的时间内以现金方式回收。而中小投资者在面临这一超能力的高派现政策时，也没有对高派现表现出欢迎，而是运用"用脚投票"的权利，使用友软件股价在方案公告当天大跌。第二天的连续下跌使用友软件市值缩水1个亿。同时，不可忽视的是，用友软件在实施高派现后，其年报披露的净资产收益率水平为7%，这恰恰满足了2000年国家出台的相关融资政策的要求。由此不难看出，用友软件2001年的现金股利政策不仅让大股东套现得以实现，也符合了国家投资者法律保护的要求。这说明，资本市场投资者法律保护政策的出台确实起到了推动上市公司派现的作用，但也诱发了异常派现等新问题。三是异常低派现。有公司在超能力派现的同时，我国的资本市场上也出现了异常低派现的相反现象。这在五粮液2001年派现政策上得到体现。2001年，五粮液公司实施每10股派0.25元（含税）的现金股利政策，如果考虑税收影响，投资人实得红利仅有每股0.02元。而公司当年净利润为8.11亿元，每股收益0.93元，比较公司盈利能力与派现水平，2.69%的股利支付相对水平和不到0.1元的绝对水平与其盈利能力毫不匹配，现金股利收益毫无意义。这将导致广大投资者更看重资本利得收益，加大其投机动机，增加对股价的操作而导致资本市场的秩序偏离正轨。五粮液公司在盈利能力良好的情况下却异常低派现的行为引发了投资者的不满，但在缺乏有效法律保护的资本市场环境下，中小投资者对此类行为不具有约束力。

第二节 终极所有权结构特征统计分析

一 样本说明

由于终极所有权结构的研究最早开始于2000年，主要在西方国家展开，此后逐步引入国内研究领域后，才有学者关注终极所有权结构数据的收集和整理工作，所以相关数据的披露国内起步时间较晚。上市公司自2000年起陆续开始在年报中披露相关信息，但没有规范要求和强制性披露的约束，截至2002年仍缺乏较为完整的信息，难以为全面的数据统计分析提供有效的基础数据。随着资本市场对终极所有权结构数据披露的强制性要求出台，国泰君安数据库得以开展终极所有结构基础数据的收集和规范化整理工作，并予以对外提供。因此，本章以CSMAR国泰君安数据库提供的终极所有权结构基础数据构成初始样本数据。样本选取时间为2003—2012年。考虑到金融类行业的特殊性，首先剔除金融类行业数据，其次剔除终极所有权结构关键变量缺失数据后共得到15204个样本数据。

二 终极所有权结构特征的统计结果分析

（一）最终控制人普遍存在于上市公司中，现金流权与控制权出现分离，但分离水平不高

首先，当考察最终控制人在样本中的分布情况时，数据显示：自2003年以来，上市公司最终控制人的公司家数不断上升，截至2012年已经达到2002家，占到该年度上市公司总数的80.27%，如果考虑被剔除数据，可以判断最终控制人普遍存在于上市公司中。

其次，考察终极控制人的现金流权和控制权基本分布情况和是否分离情况可以发现：存在现金流权与控制权的分离。分离度在样本考察的10年间平均水平为5.97%，总体分离水平不高。具体考察控制权关键指标值都表现出高于现金流权的实际情况。分离度虽然自2007年后有所下降，但下降幅度较小，意味着近年来上市公司的控制权和现金流权正在逐步分离。特别值得注意的是，现金流权和控制权都出现了100%水平，意味着存在绝对控制人。

最后，分离度自2004年显著增加，到2005年达到最大值，此后开始出现回落，但回落幅度不大，这说明：控制权与现金流权自2004年开始出现显著的分离，2005年达到最高分离水平，分离趋势明显。但2005年后，分离度平均水平逐步下降，但是下降幅度较小。如果将这一变化趋势与资本市场发展历程对比，值得深思。2005年实施的股权分置改革大力推动了资本市场法律保护完善进程的加快，而控制权在资本市场逐步完善、法律保护日渐健全的过程中，出现先小幅下降后稳步提升的趋势。这说明，终极控制人拥有更高水平的控制权使其可以实现更低成本控制更多资本。作为经济人的终极控制人就可能利用手中的控制权谋取私利。此时做出的决策，不再体现公司整体利

益和全体股东的整体利益，真正受益的是拥有实际控制权的最终控制人，公司及其他股东的利益，尤其是中小股东的利益将受到伤害。显然，这恰恰与资本市场不断发展、完善所追求的目标背道而驰，也与股权分置改革这样的宏观政策实施的预期效应恰好相反。

表 3-9　　　　　　　　　最终控制人年间分布情况

年份	存在最终控制人的公司数	公司总数	百分比（%）
2003	899	1287	69.85
2004	1300	1377	94.41
2005	1289	1381	93.34
2006	1363	1434	95.05
2007	1470	1550	94.84
2008	1520	1604	94.76
2009	1592	1700	93.65
2010	1822	2063	88.32
2011	1947	2342	83.13
2012	2002	2494	80.27

表 3-10　　　终极所有权结构关键变量年间分布情况　　　单位：%

年份	控制权 最小值	控制权 最大值	控制权 均值	现金流权 最小值	现金流权 最大值	现金流权 均值	分离度 最小值	分离度 最大值	分离度 均值
2003	7.02	85.00	42.63	1.70	85.00	38.92	0.00	36.75	3.71
2004	1.49	85.00	41.34	0.50	85.00	35.17	0.00	41.01	6.16
2005	1.49	81.19	40.08	0.58	81.19	33.43	0.00	41.01	6.65
2006	1.49	98.86	36.48	0.54	98.86	29.87	0.00	41.01	6.61
2007	1.49	100.00	36.59	0.25	100.00	30.04	0.00	42.35	6.56
2008	3.47	86.71	37.36	0.24	86.71	30.94	0.00	44.48	6.42
2009	5.14	93.61	38.16	0.53	93.61	31.83	0.00	42.93	6.33
2010	3.50	99.32	39.11	0.36	99.32	33.29	0.00	53.42	5.82
2011	2.20	92.76	39.65	0.23	92.27	33.94	0.00	39.84	5.72
2012	2.06	89.57	40.27	0.23	89.40	34.54	0.00	40.17	5.72
总体平均	2.93	91.20	39.17	0.52	91.14	33.20	0.00	42.30	5.97

前述三方面的分析表明：自 2003 年以来，现金流权与控制权出现分离的终极控制人在我国上市公司中普遍存在。虽然当前他们的两权分离水平不高，但在投资者法律保护不断完善的资本市场发展进程中控制权依旧保有了较高的水平，而没有显著降低的分离度强化了终极控制人的控制力，这与预期的宏观政策实施目标不吻合。

（二）国有属性最终控制人占大部分，不同性质最终控制人的两权分离情况差异显著

"企业性质分类标准"与 CSMAR 数据库对最终控制人性质的分类保持了一致，都涵盖企业经营单位、非企业单位和自然人三大类，各类中又有不同的小类。根据他的分类，我们将最终控制人性质是国有企业、集体企业、机关事业单位和大学的上市公司定义为最终控制人性质为国有的子样本，其他则定义为非国有子样本。

第一，全样本国有属性终极控制人占绝大多数，这在表 3 – 11 的数据结果中可以清晰地看到。国有性质最终控制人的公司达到 9007 家，占有效样本数的 59.24%，远远超过了非国有性质最终控制人控制的公司家数，国有属性表现出显著的优势。

第二，最终控制人性质不同公司的终极控制权结构关键变量的均值存在显著差异。现金流权均值变化显示：国有属性的终极控制人的现金流权均值水平以 10.69 个百分点的绝对优势高于非国有子样本的均值水平。这一规律同样体现在控制权均值的变化情况上。这说明，国有属性的最终控制人控制了公司的投票权，非国有属性的最终控制人对上市公司的控制广度和深度都远不及国有属性的最终控制人。这也体现了我国资本市场的中国特色。

对国有和非国有子样本的分离度进行考察发现：非国有子样本拥有更高的分离水平，平均达到 8.69%，是国有子样本两权分离度的 2.1 倍，这一水平也远高于全样本平均水平。由此可以推断，非国有属性的最终控制人是导致全样本两权分离的关键因素。进一步观察非国有属性最终控制人的身份，发现自然人最多，民营企业或外商投资企业居于次位。这些控制人中大多数是家族企业，因此，我们发现被家族企业控制的上市公司两权分离情况较为明显，他们的最终控制人

更有可能利用控制权影响公司决策。最终控制人性质为国有的公司虽然两权分离不严重，但不可忽视的是其拥有的控制权平均水平接近于绝对控制50%的水平，所以，这类公司的决策被最终控制人左右。

表3-11 两权分离情况在最终控制人性质不同公司间的分布

项目	国有	非国有
现金流权均值（%）	37.39	26.70
控制权均值（%）	41.58	35.39
分离度均值（%）	4.19	8.69
公司家数	9007	6197

第三，从年度考察，不同性质公司的两权分离情况也存在显著的年间差异。

表3-12的数据显示：终极所有权结构关键变量各年间变化因控制人性质不同而存在显著差异。

首先，从现金流权和控制权均值变化的趋势可以发现以下特点。国有子样本中以2007年为界，控制权和现金流权均值呈现出先下降后上升的变化趋势，这一变化趋势在2011年发生扭转。下降与上升的幅度比较而言，下降幅度远大于上升幅度。这也体现了我国资本市场改革国有控制股份逐步减少的政策导向，也同时反映出国有属性最终控制人对公司控制能力的下降。但必须注意到，2007年是股权分置改革完成后的第一年，此后，控制权和现金流权都在出现较小幅度的回升，这意味着股改后，最终控制人的控制权和现金流权并没有削弱反而加强了，这与股权分置改革及系列保护中小投资者利益的政策的预期效应是不吻合的。而最终控制人性质为非国有公司的现金流权均值水平也表现出与国有子样本同样的规律，但临界年度有所不同。现金流权均值水平下降的趋势在2006年开始被扭转，此后出现较大幅度的增长趋势；控制权的均值水平则除了在2005年和2006年有小幅下降的波动后，基本呈显著的上升趋势，且增长幅度显著高于国有子样本。因此，非国有子样本的现金流权和控制权表现出在股权分置改革后都较大幅度增长的趋势,这也体现了国有减持这一政策的效应。以上不同子样本具有的相近的变化规律也揭示出一个值得关注的问题:现金流权和控制权在股改后出现的小幅增长在最终控制人性质方面不存在差异性,控制权表现出更显著增长的实际情况说明终极控制人对上市公司的实际控制能力更强。

表3-12　不同终极控制人属性控制公司的两权分离年间分布

年份	项目	国有	非国有
2003	现金流权均值(%)	43.77	22.60
	控制权均值(%)	46.07	31.06
	分离度均值(%)	2.29	8.46
	公司家数	693	206
2004	现金流权均值(%)	41.34	19.79
	控制权均值(%)	45.32	31.40
	分离度均值(%)	3.98	11.61
	公司家数	928	372
2005	现金流权均值(%)	39.49	19.21
	控制权均值(%)	43.93	31.02
	分离度均值(%)	4.45	11.81
	公司家数	904	385
2006	现金流权均值(%)	35.24	19.51
	控制权均值(%)	39.56	30.54
	分离度均值(%)	4.31	11.03
	公司家数	898	465
2007	现金流权均值(%)	34.88	22.22
	控制权均值(%)	39.22	32.34
	分离度均值(%)	4.35	10.12
	公司家数	908	562
2008	现金流权均值(%)	34.99	24.75
	控制权均值(%)	39.57	33.98
	分离度均值(%)	4.59	9.23
	公司家数	919	601

续表

年份	项目	国有	非国有
2009	现金流权均值（%）	36.16	26.00
	控制权均值（%）	40.48	35.03
	分离度均值（%）	4.32	9.03
	公司家数	914	678
2010	现金流权均值（%）	36.02	30.32
	控制权均值（%）	40.41	37.69
	分离度均值（%）	4.39	7.37
	公司家数	949	873
2011	现金流权均值（%）	36.49	31.53
	控制权均值（%）	40.82	38.55
	分离度均值（%）	4.34	7.02
	公司家数	945	1002
2012	现金流权均值（%）	37.11	32.23
	控制权均值（%）	41.51	39.14
	分离度均值（%）	4.40	6.92
	公司家数	949	1053

其次，对两个子样本两权分离度的数据分析显现出显著的差异性。国有子样本的分离度虽然在个别年度出现了下降的波动，但十年间整体而言基本表现出上升的趋势，尤其在 2004 年、2005 年有了较大幅度的增长。这意味着，股改对国有子样本两权分离度没有产生治理效应，表现出分离被强化的特点。这与股改及相关资本市场改革政策的预期效应背道而驰；而非国有子样本没有出现前述变化趋势，较为稳定地表现出先升后降的特点，增减变化的转折年是 2006 年。在 2003—2005 年期间，两权分离度增长迅速，随着股改的完成，两权分离度逐步降低，这体现了政策的预期效应，一定程度上削弱了最终控制人对公司决策的控制度，也使中小股东相对弱势的地位有所改善。但不可忽视的是，即使非国有子样本的两权分离情况得到改善，但其分离度仍旧处于较高的水平，没有彻底改变最终控制人两权分离的现

状。结合国有子样本逐步攀升的分离度变化趋势,我们发现,总体而言,股改并没有改变最终控制人两权分离的现状,最终控制人相较而言仍旧具有优越的控制权。

最后,考察终极所有权结构关键变量出现趋势转变的时间点发现,无论国有或非国有子样本,趋势变化的年份多集中于2006年、2007年这两个年份,2004年大幅增长或降低的情况出现。这几个年度恰好分布于股权分置改革前期、实施期和完成期。终极所有权结构关键变量的变化集中在这几个年份,说明资本市场的政策实施对两权分离情况产生了一定效应,但并不是都呈现政策良好的预期效应,也出现了与政策预期不同的结果。

(三) 终极所有权结构存在行业间差异

不同行业有其行业特点和经营上的特殊性,这种特殊性是否会在终极所有权结构上有所体现,值得思考。为此,依据中国证监会2001年4月4日公布的《上市公司行业分类指引》对样本进行行业分类后,我们进一步考察不同行业的终极控制变化情况。

第一,从终极所有权结构量的角度分析,现金流权、控制权、两权分离度在各行业间存在差异。

表3-13和图3-7显示:第一,控制权均值水平整体高于现金流权均值水平,且二者自身在各行业间的分布具有波动性,二者极值的行业分布也不一样,使现金流权和控制权的行业差异性存在。与其自身在行业间分布的差异性相反的另一现象是,两者在各行业间的变化规律却保持一致,两者均值上升与下降的拐点均出现在相同的行业上,上升与下降的方向在各行业上也保持了一致。第二,分离度均值的行业间分布和变化规律较于现金流权和控制权的变化规律有所不同。整体而言,分离度均值的行业间分布差异不显著,波动幅度相对较小。综合类行业出现了分离度均值的最大值,但该行业却拥有最低的控制权水平和现金流权水平。分离度均值行业间变化规律与两权各自行业间均值变化规律恰好相反。分离度均值上升与下降的拐点与现金流权与控制权均值变化的拐点也不一致,拐点变化的方向也不一致。如分离度均值小于制造业(C)均值的电力、煤气、水行业(D)

表 3-13　　各行业终极所有权结构比较①

行业	公司家数	现金流权（%）最小值	现金流权（%）最大值	现金流权（%）均值	控制权（%）最小值	控制权（%）最大值	控制权（%）均值	分离度（%）最小值	分离度（%）最大值	分离度（%）均值
A	303	2.61	79.59	34.41	6.93	79.59	38.84	0.00	36.96	4.44
B	342	5.86	95.00	44.93	7.78	95.00	51.19	0.00	34.24	6.26
C	9022	0.24	98.86	32.76	2.06	98.86	39.26	0.00	53.42	6.50
D	586	3.64	84.92	38.23	10.81	84.92	41.62	0.00	23.48	3.40
E	364	3.91	100.00	37.86	9.40	100.00	44.11	0.00	28.92	6.25
F	584	0.41	79.47	39.01	4.44	84.00	43.82	0.00	37.35	4.81
G	980	1.63	74.60	29.77	7.02	83.23	35.36	0.00	44.48	5.59
H	903	0.25	84.13	30.59	1.49	89.57	36.07	0.00	31.14	5.48
J	810	1.07	89.40	34.41	6.78	89.41	39.97	0.00	33.29	5.57
K	437	0.51	99.32	36.25	10.31	99.32	40.76	0.00	34.24	4.51
L	123	1.99	87.01	41.52	12.44	87.01	44.68	0.00	24.51	3.16
M	750	0.23	81.97	21.77	2.20	81.97	28.57	0.00	37.81	6.80

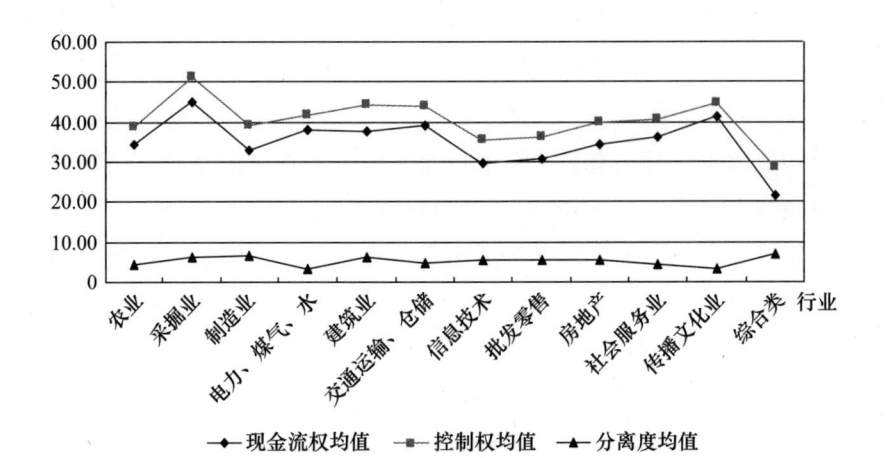

图 3-7　各行业终极所有权结构变化趋势

① 表内行业按 2001 年 4 月 4 日中国证监会公布的《上市公司行业分类指引》分类。2012 年 10 月 26 日中国证监会公布了新的行业分类指引，由于样本数据取自国泰君安数据库，而样本研究年度截至 2012 年，此时，数据库尚未完成行业分类的调整，故行业分类依旧采用了 2001 年的分类方法。

却有高于制造业的现金流权和控制权，分离度均值的拐向恰好相反。自社会服务业（K）开始更是显著地表现出相反的变化规律。依据以上分析可以判断：终极所有权结构存在行业差异。

第二，从终极所有权结构质的角度分析，终极所有权结构在性质不同终极控制人控制的公司中表现出行业差异。

结合表 3-14 的数据和图 3-8 的趋势展示，我们发现以下现象。①各行业中国有子样本公司数量明显高于非国有子样本公司数量；除信息（G）、房地产（J）和综合类（M）三类行业的公司数量差距不大外，其他行业二者数量差距显著，这与样本整体的特性保持了一致。②不同属性终极控制人公司的终极所有权结构存在较大行业差距。国有与非国有两个子样本的现金流权在各行业的分布具有一定的波动性，国有样本中各行业的现金流权均值显著高于非国有样本的水平，但两样本现金流权均值在各行业间分布变化规律基本相同。现金流权均值最大的行业国有、非国有样本中均是采掘业。不可忽视的是，现金流权均值在各行业间变化的拐点、变化的方向不尽一致。如传播文化业、信息技术业和批发零售业，国有与非国有两个样本变化的方向恰好相反。控制权均值在各行业间的分布呈现出国有样本显著高于非国有样本的现象，但变化规律的一致性较现金流权的一致性要低，控制权均值最大值、最小值在国有、非国有两个子样本中都处于不同的行业。国有、非国有两个子样本分离度均值在各行业间分布的差异性最为突出。在非国有样本中，分离度均值变化幅度很大，最大值和最小值之间的差距达到 8.79%，而且 12 个行业中 11 个行业的分离度均值远高于国有样本中相应行业的分离度均值，其中，交通运输业非国有样本的分离度均值高达 11.80%，高出国有样本 7.97%。仅有的一个分离度均值水平低于国有样本的行业是采掘业。同时，国有、非国有子样本分离度变化规律的一致性也相对较低。③从不同年度考察最终控制人性质不同公司的终极所有权结构的行业分布情况，再次发现了年间的行业差异性。从横向看，2003—2012 年这十年间，每年国有和非国有样本的现金流权和控制权均值在各行业间的分布都有不同的特点，变动幅度显著，差异明显。同时，国有样本与非国有

表3-14 不同性质最终控制人控制公司的终极所有权结构行业比较

单位:%

行业	国有 公司家数	国有 现金流权均值	国有 控制权均值	国有 分离度均值	非国有 公司家数	非国有 现金流权均值	非国有 控制权均值	非国有 分离度均值
A	172	39.36	40.40	1.0339	131	27.90	36.80	8.90
B	301	47.14	53.84	6.70	41	28.71	31.71	3.01
C	4980	36.98	41.68	4.70	4042	27.57	36.27	8.71
D	541	39.72	42.69	2.97	45	20.31	28.81	8.49
E	234	42.48	46.96	4.49	130	29.55	38.98	9.43
F	512	41.33	45.16	3.83	72	22.54	34.34	11.80
G	440	33.30	38.07	4.77	540	26.90	33.16	6.26
H	612	33.04	36.79	3.75	291	25.45	34.57	9.12
J	408	40.13	41.92	1.78	402	28.59	38.00	9.41
K	317	39.26	42.28	3.02	120	28.30	36.73	8.44
L	98	48.48	49.63	1.15	25	14.22	25.28	11.05
M	392	27.20	30.52	3.32	358	15.82	26.44	10.62

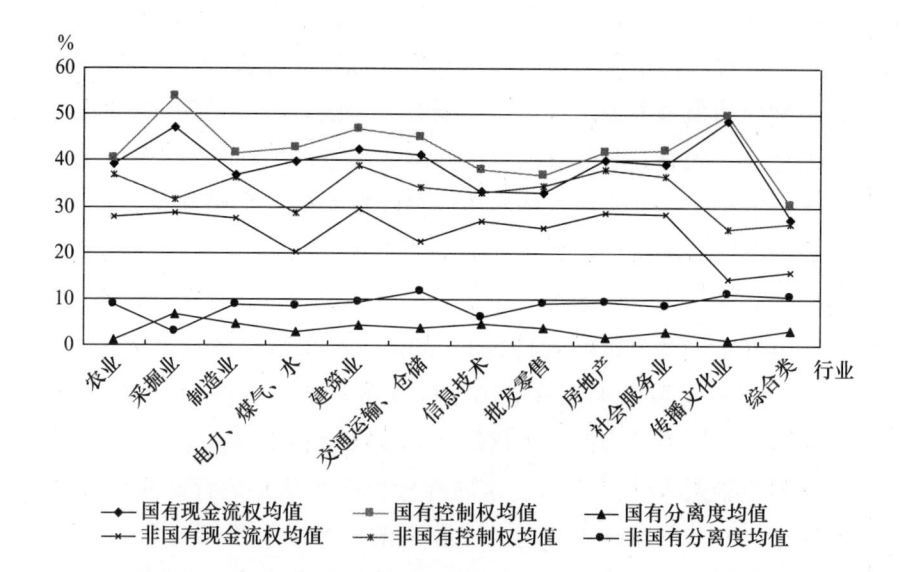

图3-8 国有、非国有行业终极所有权结构的行业变化趋势

表 3-15　不同年度国有、非国有行业终极所有权结构行业变化比较　　单位:%

年份	行业	国有 现金流权均值	国有 控制权均值	国有 分离度均值	非国有 现金流权均值	非国有 控制权均值	非国有 分离度均值
2003	A	36.83	37.66	0.83	22.96	39.01	16.05
	B	52.85	56.82	3.97	—	—	—
	C	46.03	48.35	2.32	25.22	32.63	7.42
	D	43.17	44.69	1.52	26.23	27.64	1.41
	E	51.53	54.66	3.13	24.96	28.26	3.30
	F	47.62	50.26	2.64	15.72	24.26	8.54
	G	33.90	38.98	5.08	22.38	30.08	7.70
	H	38.82	40.29	1.48	19.89	36.65	16.76
	J	50.07	50.34	0.27	13.68	26.14	12.46
	K	43.92	45.40	1.48	16.50	25.99	9.49
	L	48.60	49.10	0.50	12.44	12.44	0.00
	M	29.01	31.43	2.42	17.72	28.15	10.43
2004	A	46.18	46.89	0.72	30.90	39.05	8.14
	B	51.07	57.16	6.09	—	—	—
	C	42.71	47.00	4.29	20.55	32.52	11.97
	D	42.31	44.41	2.10	13.92	22.46	8.53
	E	48.04	50.33	2.29	24.55	31.33	6.78
	F	44.46	47.86	3.40	13.86	26.98	13.12
	G	34.87	40.89	6.02	23.19	31.76	8.58
	H	37.27	40.61	3.34	12.57	26.50	13.93
	J	38.84	43.23	4.39	19.64	32.07	12.43
	K	41.99	44.32	2.34	21.73	30.79	9.06
	L	54.35	54.65	0.30	12.44	25.89	13.44
	M	28.34	32.45	4.11	15.06	27.82	12.75

续表

年份	行业	国有 现金流权均值	国有 控制权均值	国有 分离度均值	非国有 现金流权均值	非国有 控制权均值	非国有 分离度均值
2005	A	46.09	46.09	0.00	30.23	38.93	8.70
	B	46.63	52.27	5.64	—	—	—
	C	40.14	45.18	5.05	19.24	31.92	12.68
	D	40.93	43.44	2.50	10.58	18.28	7.70
	E	47.16	49.62	2.46	28.00	32.48	4.48
	F	41.56	45.47	3.91	21.12	37.98	16.86
	G	33.53	40.31	6.78	21.38	30.73	9.35
	H	34.73	38.55	3.82	14.82	26.38	11.56
	J	40.81	42.93	2.12	21.41	31.19	9.78
	K	41.92	44.18	2.27	21.90	31.91	10.01
	L	54.42	54.79	0.37	15.80	28.86	13.06
	M	27.43	31.49	4.06	14.10	26.55	12.44
2006	A	39.55	40.53	0.98	19.71	32.48	12.77
	B	44.85	51.01	6.16	—	—	—
	C	35.25	40.15	4.90	20.11	31.55	11.43
	D	36.37	39.21	2.85	17.92	23.78	5.86
	E	41.58	44.70	3.12	23.99	32.98	9.00
	F	39.50	43.50	4.00	18.35	36.53	18.18
	G	29.79	34.87	5.08	21.69	30.93	9.24
	H	30.79	34.29	3.50	16.83	26.33	9.50
	J	34.83	36.86	2.03	22.07	31.83	9.75
	K	42.15	44.42	2.27	18.54	29.49	10.95
	L	45.07	45.39	0.32	17.17	30.52	13.35
	M	23.98	28.51	4.53	11.83	23.38	11.55

续表

年份	行业	国有 现金流权均值	国有 控制权均值	国有 分离度均值	非国有 现金流权均值	非国有 控制权均值	非国有 分离度均值
2007	A	38.24	39.14	0.89	22.29	33.20	10.91
	B	48.37	54.48	6.12	11.24	11.24	0.00
	C	34.13	39.03	4.90	22.75	33.64	10.88
	D	37.40	41.48	4.08	20.20	25.42	5.22
	E	40.20	44.83	4.63	28.13	37.69	9.55
	F	39.71	43.62	3.91	21.16	37.85	16.69
	G	30.11	34.88	4.77	23.01	30.50	7.49
	H	30.66	33.90	3.24	18.75	26.73	7.97
	J	37.27	38.88	1.61	23.06	30.74	7.68
	K	38.11	40.53	2.42	28.24	35.98	7.74
	L	42.69	43.33	0.63	16.89	29.99	13.09
	M	23.59	27.60	4.01	16.59	27.22	10.63
2008	A	36.76	37.63	0.87	23.73	35.78	12.05
	B	45.19	52.44	7.25	22.81	25.67	2.86
	C	33.82	39.22	5.40	25.25	34.53	9.28
	D	37.05	41.04	3.99	20.83	28.00	7.17
	E	37.20	42.57	5.37	22.53	35.16	12.63
	F	41.05	44.85	3.80	18.47	30.91	12.44
	G	31.98	35.49	3.50	25.96	32.48	6.53
	H	31.60	35.18	3.59	22.48	31.02	8.54
	J	38.30	39.68	1.38	30.22	39.64	9.42
	K	38.29	41.65	3.36	31.30	38.95	7.65
	L	46.40	46.91	0.50	16.42	29.77	13.36
	M	26.45	29.22	2.77	17.00	28.02	11.02

续表

年份	行业	国有 现金流权均值	国有 控制权均值	国有 分离度均值	非国有 现金流权均值	非国有 控制权均值	非国有 分离度均值
2009	A	34.91	35.70	0.79	28.88	38.20	9.32
	B	47.12	54.88	7.76	27.57	29.29	1.71
	C	34.95	39.92	4.97	26.27	35.60	9.32
	D	39.61	43.04	3.43	17.88	26.77	8.88
	E	39.96	45.32	5.35	27.33	39.73	12.40
	F	40.33	44.01	3.68	23.76	34.72	10.96
	G	35.08	38.84	3.75	25.42	31.69	6.27
	H	31.20	34.78	3.58	27.38	35.06	7.67
	J	39.70	40.80	1.10	30.50	39.83	9.33
	K	38.09	41.49	3.39	28.91	37.08	8.17
	L	50.05	50.51	0.46	12.44	20.77	8.33
	M	27.15	30.33	3.18	16.61	27.16	10.54
2010	A	37.78	39.48	1.70	32.05	38.70	6.65
	B	47.79	54.62	6.83	34.90	36.57	1.67
	C	34.55	39.64	5.09	30.89	38.32	7.43
	D	39.53	42.49	2.96	19.71	30.57	10.86
	E	40.65	46.47	5.83	32.22	41.33	9.11
	F	41.15	44.50	3.35	30.03	41.19	11.16
	G	34.43	38.31	3.88	29.72	34.64	4.93
	H	31.40	36.16	4.76	29.53	36.68	7.15
	J	40.10	41.81	1.71	31.92	41.49	9.56
	K	37.88	41.00	3.12	33.26	40.55	7.29
	L	51.31	51.42	0.11	12.44	20.77	8.33
	M	25.21	28.07	2.86	19.11	27.13	8.03

续表

年份	行业	国有 现金流权均值	国有 控制权均值	国有 分离度均值	非国有 现金流权均值	非国有 控制权均值	非国有 分离度均值
2011	A	37.59	39.51	1.92	28.72	34.94	6.22
	B	46.09	53.66	7.56	27.76	31.92	4.16
	C	34.51	39.24	4.73	31.93	38.79	6.86
	D	41.56	44.23	2.67	22.00	33.45	11.45
	E	40.42	46.08	5.66	33.78	43.96	10.18
	F	40.60	45.07	4.47	27.89	33.64	5.75
	G	34.53	38.83	4.29	31.79	35.87	4.08
	H	31.02	36.01	4.99	32.03	40.98	8.96
	J	41.84	43.54	1.70	34.44	43.38	8.94
	K	35.21	39.74	4.53	30.67	38.83	8.17
	L	49.26	50.56	1.30	11.20	18.87	7.67
	M	30.14	31.99	1.85	14.76	24.10	9.34
2012	A	39.52	41.32	1.80	32.72	38.92	6.20
	B	46.06	52.92	6.86	29.27	32.76	3.48
	C	34.94	39.84	4.90	32.60	39.48	6.88
	D	40.50	43.50	3.00	26.94	37.37	10.43
	E	43.77	49.10	5.33	34.22	43.72	9.50
	F	40.99	45.32	4.33	30.12	34.40	4.28
	G	34.07	38.61	4.53	33.07	36.82	3.75
	H	32.70	37.59	4.89	34.41	43.33	8.92
	J	41.81	43.30	1.49	33.14	41.98	8.84
	K	37.97	41.93	3.96	29.04	37.93	8.89
	L	46.81	49.76	2.95	11.20	18.87	7.67
	M	32.73	34.76	2.03	15.95	21.76	5.81

样本分离度均值在各行业间变化的规律也不尽相同。从纵向看，非国有样本中的采掘业（B）表现出极大的特殊性。在样本统计的起始四年中，该行业均没有非国有属性的最终控制人控制的公司，相应的终极所有权结构关键变量自然不存在；2007年开始，非国有属性的终极控制人控制的公司出现，但分离度为0，两权合一。自2008年后两权开始出现分离，到2011年达到最高分离水平4.16%，2012年略有下降，总体分离度平均水平不高。此外，2003年表现出极强的特殊性。该年度非国有样本的变化差异非常显著，与其后几年大有不同。同时，该年度出现了两个行业国有分离度均值水平高于非国有分离度水平的现象。一个是电力、煤气和水行业（D），国有分离度达到1.52%，高于非国有1.41%；另一个更为特殊的是文化传播业（L），其分离度均值为0，即不存在两权分离。以上特殊情况的出现使得非国有样本的行业差异性更为显著。以上分析表明：分布于不同行业、不同年度的，由不同属性终极控制人控制的公司在终极所有权结构的关键变量上存在不同变化规律和特点。

来自质与量两方面的数据分析结果可以证实：终极所有权结构在不同行业间无论是纵向还是横向而言，均存在较大的差异。

第三节 本章小结

本章针对现金股利政策和终极所有权结构，选取了沪深两市除金融行业外的A股上市公司数据，开展统计分析，较为全面地描述了当前上市公司现金股利政策和终极所有权结构的特征。其中，现金股利政策数据较全、样本大，而终极所有权结构由于研究的时间晚，数据量相对于现金股利政策而言较小，但也基本上涵盖了自有研究以来年度的数据。

综合各方面展开的统计分析，在不同时期资本市场所出台不同政策的影响下而形成的上市公司现金股利政策表现出显著的阶段性特点。现金股利的派发虽然逐步成为普遍现象，水平不断提升，但现金股利的收益率水平与国际水平比较而言有一定的差距。现金股利派发行为并没有如西方成熟资本市场一样在各年间呈现连续性和稳定性。在资本市场不断发展完善的进程中,现金股利政策出现了较大变化。派现意愿趋于稳定增长与派发水平有所下降现象并存,但是,非理性行为的存在使现金股利派发的实质值得深入研究。

终极所有权结构作为一个新生事物被引进股利政策研究领域以来,对其特征的较为全面的分析在已有研究中并不多见。本章对2003—2012年数据的分析,较为全面地揭示出我国当前上市公司终极所有权结构的现状。数据挖掘和分析的结果揭示了以下现象:两权分离是当前上市公司控制权结构中存在的现实,控制权在近年来有增长的态势,分离度在非国有属性最终控制人控制的公司中水平更高,终极控制人的属性差异使得其所控制公司的两权分离度、现金流权和控制权水平表现出年间差异和行业差异。

第四章 终极所有权结构与现金股利政策关系模型构建

第一节 终极所有权结构的理论分析框架回顾

La Porta 等关于终极所有权的控股结构所作的开创性的研究"Corporate Ownership Around The World"一文中提出了终极所有权结构概念，也正是基于这一文章和其后的系列文章，终极产权理论产生。这一理论指出：交叉持股和金字塔结构存在于上市公司操作实际的现实表明，上市公司的控制人不再是表面上看到的第一大股东，借助于直接或间接持股方式隐藏于第一大股东背后实际掌控上市公司运作的控制人才是真正决定公司各项决策的关键力量。这些实际控制人的出现使股权结构这一公司治理变量难以真正揭示上市公司控制权结构的实质内涵，而终极所有权结构则以更本质的控制权内涵代替股权结构成为公司治理研究关注的新变量。因此，新出现的实际控制人或者说是终极控制人自然是指隐藏于上市公司第一大股东背后的终极控股股东，在终极产权理论中明确定义终极控制人为：追溯上市公司年报所描述的第一大股东的控制链而找到的对其拥有控制能力的最终控股股东。在确定终极控制人存在的前提下，最终控制人拥有的投票权和所有权不再如传统股权结构所具有的特点，而是借助于各种持股方式实现了决策投票权和收益分享权的分离，原有的"一股一权"原则发生变化，实际控制人拥有了高于所有权对公司的实际控制权，从而现金流权和控制权两个新概念产生了。La Porta 等（1999）分析指出终极控制人的控制权就是投票表决权，其本质是被终极控制人直接和间接控制的上市公司的股权，具体量化方法是将每条控制链上的最低持股比例相加。而现金流权就是所有权，是终极控制人分享被控制公司收益的权利，其计量方法与控制权计算原则不同。具体计算原理为：首先追溯确定从实际控制人到上市公司所经历的每一个代理链上各环节代理人控股比例水平，然后将以上控股比例相乘后相加即为现金流权水平。当确定了控制权与现金流权后，终极所有权结构便形成于二者不同的配置情况。质与量两个方面是其包括的主要内容。最终控制人具有怎样的属性是终极所有权结构质的内涵的核心内容，而控制权水平、现金流权水平及两权分离度水平则是终极所有权结构量的方面的核心内容。根据 La Porta 等（1999）和 Faccio 等（2001）具体计算公式如下所示：

$$CR = \sum_{i=1}^{n} \min_i(a_{i1}, a_{i2}, \cdots, a_{it}) \quad a_{i1} \in (0,1) \tag{4.1}$$

$$CFR = \sum_{i=1}^{n} \prod_{t=1}^{t} a_{it} \quad a_{it} \in (0,1) \tag{4.2}$$

$$SR_1 = \frac{CR}{CFR} 或 SR_2 = CR - CFR \tag{4.3}$$

其中，CR 表示控制权，CFR 表示现金流权，SR_1 表示分离系数，SR_2 表示分离度，a_{i1}，$\cdots$，a_{it} 为第 i 条控制链的所有链间控股比例。

对以上计算公式分析可以看出，由于 $a \in (0,1)$，所以

$$\min_i(a_{i1}, a_{i2}, \cdots, a_{it}) > \prod_{t=1}^{t} a_{it}$$

因此，$CR > CFR$ \hfill (4.4)

式（4.4）结果显示控制权大于现金流权，这一理论分析结果清晰表现出控制权与现金流权的分离，证实了终极控制人对上市公司关键决策的控制权拥有了相较于股权结构而言更低的成本。这一优势条件的存在为实际控制人的利益输送行为提供了便利，他们可以借助于如盈余管理、现金股利政策或关联交易等方式通过合法或非法手段占

用公司资源实现个人私有收益。毫无疑问，公司价值会因为以上行为发生贬值，因此而形成的损失则由全体股东承担，终极控制人也必定包括在内。那么，终极控制人是否会实施利益输送行为、选择哪种利益输送行为就取决于利益输送成本与收益的权衡。如果终极控制人自身收益大于成本，就会产生强烈的利益输送动机，终极控制人就会借助拥有的控制权实现利益输送行为。而利益输送行为的全部成本则被外化于全体股东，收益却由终极控制人自己独享。很明显，终极控制人两权分离一旦出现，他们的决策机制则表现为成本与收益在不同利益输送方式之间的权衡，那么在现金股利政策的决策机制上也毫不例外地表现出相同的抉择取向。

第二节　基于利益侵占假说的现金股利政策理论分析框架回顾

在 La Porta 等发现了一些国家存在股权集中现象之后，对以 Rozeff 为引领、Easterbrook 和 Jensen 为发展而形成的曾长期占据现金股利政策研究主流理论地位的现金股利代理成本理论的前提提出了挑战，引发了对这一传统主流理论解释力的质疑，现金股利政策研究理论的基础也发生变化，利益侵占假说逐步成为学者们开展研究的新思路。

Shleifer 和 Vishny（1997）以其经典研究对利益侵占假说进行了全面阐述。现金股利政策在他们的研究中被解释为大股东侵占中小股东利益的工具，而不再是减少代理成本的手段。他们通过对控制权和现金流权不同水平下大股东行为决策机制的分析说明，由于现金流索取权存在的差异带来了大股东不同行为选择所产生收益和成本的不同，不同收益和成本水平必然带来不同的决策选择。拥有不分离的较高的控制权的大股东更倾向于选择现金股利政策这一成本较低，同时体现法律保护要求的方式实现自己的利益。显然，在这一理论框架下，控制权、现金流权不同配置水平对现金股利决策发挥着关键影响作用。随着利益侵占假说的不断发展，越来越多的研究和实证检验都从控权、现金流权的角度开始探讨在股权集中的前提下，现金股利政策究竟扮演怎样的角色。现金股利政策和现金流权、控制权及不同类型大股东的关系成为研究的主要内容，以上研究中涉及的切入点正体现了终极所有权结构质与量的内涵。于是，随着 La Porta 等（2000）的研究，引导了后续一系列研究的深入。这些研究在提出终极所有权理论的同时也将现金股利政策研究推向利益侵占假说的检验，控制性股东的控制权结构成为研究关键变量，最后演变为终极所有权结构。他们对西方发达资本市场的实证研究证明了现金股利政策通过对控制性股东与小股东矛盾的缓和而体现为法律保护的结果。而这种作用的发挥则需要具备较好的法律保护环境和成熟的资本市场环境。而我国作为亚洲新兴的资本市场之一，法律保护不够完善，资本市场仍待发展，使得高派现可能不再是缓和控股股东与小股东矛盾的手段，而相反是一种利益输送行为。Faccio 等（2001）的研究对此观点也给予了来自东亚地区的证据支持。综合前述所有研究已经形成的结论，考虑终极所有权结构影响的利益侵占假说主要形成了四方面的判定。判定一，受不同特点终极所有权结构影响而形成的不同利益输送行为在边际净收益上的差异是决定现金股利政策的根本原因。判定二，掌握在最终控制人手中代表收益分享权的现金流权在水平较高时所具有的较高放弃机会成本特性使其对高现金流权情况下的现金股利支付水平具有激励作用，从而形成了与现金股利支付的正相关关系。判定三，在现金流权和控制权分离的情况下，由于"隧道行为"在终极控制人控制权水平较低时具有更低的实施成本的特性使现金股利的支付随着分离度的提高而减少。判定四，如果进一步考虑我国特殊的股权分置的制度环境，不得不承认，最终控制人是国有或非国有性质也会对现金股利政策的选择产生影响。因为，国有与非国有性质的最终控制人的利益诉求目标存在差异。加之，股权分置带来的股权流通性的不一致，使得出现"同股不同权"的现象，也直接影响了其进行不同利益输送行为的成本水平，必将影响到最终净收益的大小。由于国有属性的最终控制人所拥有股份的不可流通性所造成的买卖价差资本收益难以获取的现实使得现金红利这一合法又便捷地获取收益的手段被国有属性的终极控制人所青睐,而国有股"一股独大",使其具备了更高的控制权,也诱发了掠夺小股东的动机,因此,可以推断,最终控制人为国有的,尤其是政府所有的,现金股利支付率会越高。

第三节 终极所有权结构与现金股利政策关系的模型构建

一 LLSV 模型概述

在现金股利政策的利益侵占假说理论分析框架不断发展的过程中,也有学者不断尝试以数学模型对利益侵占假说进行理论检验,其中权威的模型仍旧是 La Porta 等提出的 LLSV(2002)模型。

LLSV 模型作出以下假设:一个控制性股东存在公司中,拥有由公司历史和寿命周期决定的现金流权 α 这一外生变量。假定业主不会卖出公司所有权,当公司没有成本时,投资 I 的资金于收益率为 R 的项目形成的总收益为 RI。公司分配利润之前,拥有企业控制权的控股股东具有先转移企业利润一部分给自己的能力,这一部分利润被假定为 s。这种转移或利益输送可能采取多种形式,如工资、转移价格、个人贷款、资产转让,以及一些可能的直接窃取方式等(LLSV,2000b)。不同外部制度环境的制约使这种收益转移行为具有成本,他们定义了一个窃取成本函数,将这一成本定义为 $c(k, s)$,函数中的 k 代表投资者法律保护质量。转移利润的成本随着法律保护质量的提升而不断提高。因此,假定 $c_s > 0$,$c_k > 0$,$c_{ss} > 0$,$c_{ks} > 0$。在这些假定之下,式(4.5)的总收益函数:

$$u = \alpha(1-s)RI + sRI - c(k, s)RI \tag{4.5}$$

其中,$\alpha(1-s)RI$ 代表利润转移后按照现金流权投资者应享有的收益,sRI 代表窃取私利,$c(k, s)RI$ 代表窃取私利的成本。他们同时假定代表公司规模的 RI 对窃取私利 s 的最优解不产生影响,于是,业主的收益函数为:

$$U = \alpha(1-s) + s - c(k, s) \tag{4.6}$$

实现收益最大化时 s 的最优解应是式(4.6)的一阶导数为 0，可得：

$$U_s = -\alpha + 1 - c_s(k, s) = 0 \tag{4.7}$$

整理可得：

$$c_s(k, s) = 1 - \alpha \tag{4.8}$$

根据式(4.8)对 k 求导可得：

$$c_{ks}(k, s) + c_{ss}(k, s)\frac{ds^*}{dk} = 0 \tag{4.9}$$

整理可得：

$$\frac{ds^*}{dk} = -\frac{c_{ks}(k, s)}{c_{ss}(k, s)} < 0 \tag{4.10}$$

由此，笔者得出结论：中小投资者利益被掠夺情况在投资者法律保护较好的国家出现得较少。笔者进一步根据式(4.8)对 α 求导，得到以下结果：

$$\frac{ds^*}{d\alpha} = -\frac{1}{c_{ss}(k, s)} < 0 \tag{4.11}$$

根据式(4.11)，笔者继续推论形成一个更为重要的论断：拥有较高现金流权的业主由于实施利益侵占的成本较大而减少了对中小股东的剥削。所以，较高的现金流权在法律保护较好的环境下，通过现金股利的高水平支付有效阻止了控制性股东对中小股东的剥削。

基于验证投资者法律保护对控制性股东利益侵占行为作用发挥的检验目的而建立的 LLSV 模型在实现预期目的的同时，也发现了一些新问题。在其分析发现的关系中，现金流权与现金股利支付之间的正相关关系并没有直接呈现，而是间接地推导分析得出的结论。这就为本书将要建立的模型提供了一定的理论基础，借鉴 LLSV 模型的思路，对其进行简化与扩展，我们构建现金股利支付率函数，引入 LLSV 模型，在扩充投资者法律保护与现金股利政策关系的理论模型的基础上，构建终极所有权结构与现金股利政策关系的数学模型。

二 终极所有权结构与现金股利政策关系的模型构建

根据以上理论模型，本书在保留 LLSV 最初假设的前提下，对

LLSV 模型拓展,构建全新终极所有权结构与现金股利政策关系模型。模型构建及具体推导如下所示。

假设条件:

(1) 保留 LLSV 模型的基本假设条件,一个控股股东存在企业中,他拥有 α 的现金流权,股利分配前他可以利用拥有的控制权转移 S 的利润,转移行为的成本函数是 $C(K,S)$,该成本函数具有以下特点:①$C_s>0$[$C(K,S)$对S的一阶导数],即转移利润的边际成本为正;②$C_{SS}>0$[$C(K,S)$对S的二阶导数],即利润转移越多,边际成本越高;③$C_k>0$[$C(K,S)$对K的一阶导数],即法律保护程度越高,转移成本越高;④$C_{ks}>0$,即法律保护的程度越高,转移利润的边际成本越高。

(2) 为找到 α 与现金股利之间直接的关系,我们主要的扩展是引入公司现金股利派发比例 Z。当该变量引入时,同时需考虑派发现金股利的货币化效用增加,我们以 $D(Z)$ 函数表示现金股利的货币化效用增加。这里所谓的货币化效用增加是指由于现金股利的派发而给监管当局留下的良好印象、达到再融资条件、满足投资者股利偏好等无形效用。这种效用满足以下两个条件:①$D_Z>0$[$D(Z)$对Z的一阶导数],这意味着现金股利的增加将增加控股股东的货币化效用;②$D_{ZZ}<0$[$D(Z)$对Z的二阶导数],这代表现金股利增加带来的边际货币化效用是递减的(朱滔,2009)。

(3) 假定公司总盈利为 1。在以上假设条件下,我们需要求解的是最优的派现比例 Z^* 和最优的转移盈利比例 S^*,为实现控股股东收益最大化,我们建立如下目标函数:

$$U = \alpha(1-Z)(1-S) + \alpha Z(1-S) + S - C(K,S) + D(Z) \quad (4.12)$$

式(4.12)中 $\alpha(1-Z)(1-S)$ 代表按照现金流权比例控股股东能够享有的公司留存盈利,$\alpha Z(1-S)$ 代表按照现金流权比例控股股东能够享有的公司现金股利的比例,S 占用转移盈利的部分,$C(K,S)$ 是转移盈利 S 产生的成本(K,S),$D(Z)$ 代表派发现金股利获得的货币化效用增加的部分,整理以上目标函数可以得到:

$$U = \alpha(1-S) + S - C(K,S) + D(Z) \quad (4.13)$$

第四章　终极所有权结构与现金股利政策关系模型构建

最优转移比率 S^* 和最优派现比率 Z^* 在决定时，还假定存在以下一个约束条件：公司将留存一部分盈利 I_0 用于今后的发展和再投资，并且假定 I_0 是由外生因素决定的，即：

$$(1-S)(1-Z) = I_0 \tag{4.14}$$

整理上式可以得到以下两式：

$$s = \frac{I_0}{Z-1} + 1 \tag{4.15}$$

$$Z = \frac{I_0}{S-1} + 1 \tag{4.16}$$

将式(4.16)代入式(4.13)，目标函数变为：

$$U = \alpha(1-S) + S - C(K, S) + D\left(\frac{I_0}{S-1} + 1\right) \tag{4.17}$$

控股股东收益最大化的实现条件是其目标函数式(4.17)的一阶导数为0，即：

$$U_S = -\alpha + 1 - C_S(K, S) + D_Z \frac{-I_0}{(S-1)^2} = 0$$

整理该式可得以下结果：

$$C_S(K, S) = 1 - \alpha + D_Z \frac{-I_0}{(S-1)^2} \tag{4.18}$$

将式(4.15)代入式(4.18)中可得：

$$C_S\left(K, \frac{I_0}{Z-1} + 1\right) = 1 - \alpha - D_Z \frac{(Z-1)^2}{I_0} \tag{4.19}$$

在式(4.19)中，对 α 求偏导，可得：

$$C_{SS}(K, S) \frac{-I_0}{(Z-1)^2} \frac{\partial Z}{\partial \alpha} = -1 - D_{ZZ} \frac{(Z-1)^2}{I_0} \frac{\partial Z}{\partial \alpha} - D_Z \frac{2(Z-1)}{I_0} \frac{\partial Z}{\partial \alpha}$$
$$\tag{4.20}$$

整理式(4.20)可得：

$$\frac{\partial Z}{\partial \alpha} = \frac{-1}{C_{SS}(K, S) \frac{-I_0}{(Z-1)^2} + D_{ZZ} \frac{(Z-1)^2}{I_0} + D_Z \frac{2(Z-1)}{I_0}} \tag{4.21}$$

将 $(1-S)(1-Z) = I_0$ 代入式(4.21)中，可得：

$$\frac{\partial Z}{\partial \alpha} = \frac{(1-S)(1-Z)}{C_{SS}(K, S)(1-S)^2 + 2D_Z(1-Z) - D_{ZZ}(1-Z)^2} \quad (4.22)$$

根据前述各变量的特性,可以确定式(4.22)大于0,即:

$$\frac{\partial Z}{\partial \alpha} = \frac{(1-S)(1-Z)}{C_{SS}(K, S)(1-S)^2 + 2D_Z(1-Z) - D_{ZZ}(1-Z)^2} > 0 \quad (4.23)$$

由式(4.23)可以得到以下命题:

命题1:现金流权与现金股利支付水平正相关。

在式(4.15)中,对 K 求偏导,可得:

$$C_{SS}(K, S) + C_{SS}\frac{-I_0}{(Z-1)^2}\frac{\partial Z}{\partial K} = -D_{ZZ}\frac{(Z-1)^2}{I_0}\frac{\partial Z}{\partial K} - D_Z\frac{2(Z-1)}{I_0}\frac{\partial Z}{\partial K} \quad (4.24)$$

整理式(4.24),可得:

$$\frac{\partial Z}{\partial k} = \frac{C_{KS}(K, S)}{C_{SS}(K, S)\frac{I_0}{(Z-1)^2} - 2D_Z\frac{Z-1}{I_0} - D_{ZZ}\frac{(Z-1)^2}{I_0}} \quad (4.25)$$

同样将 $(1-S)(1-Z) = I_0$ 代入式(4.25)中,可得:

$$\frac{\partial Z}{\partial k} = \frac{C_{KS}(K, S)(1-S)(1-Z)}{C_{SS}(K, S)(1-S)^2 + 2D_Z(1-Z) - D_{ZZ}(1-Z)^2} \quad (4.26)$$

根据前述各变量的特性,可以确定式(4.26)大于0,即:

$$\frac{\partial Z}{\partial k} = \frac{C_{KS}(K, S)(1-S)(1-Z)}{C_{SS}(K, S)(1-S)^2 + 2D_Z(1-Z) - D_{ZZ}(1-Z)^2} > 0 \quad (4.27)$$

由式(4.27)可以得到以下命题:

命题2:现金股利派发比例与投资者法律保护正相关。

为推导发现控制权和现金股利政策的关系,进一步假设不考虑投资者法律保护因素,在控制性股东拥有控制权越大的情况下,其转移利润的成本就越低,于是,前述成本函数变形为 $C(S, P)$,这里 P 代表控制权大小。$C(S, P)$ 函数具有以下特征:①$C_s > 0$[$C(S, P)$ 对 S 的一阶导数],即转移利润边际成本大于0;②$C_{SS} > 0$[$C(S, P)$ 对 S 的二阶导数],即边际成本随利润转移的增加而增加;③$C_P < 0$[$C(S, P)$ 对 P 的一阶导数],即控制权水平高,转移成本低;④$C_{SP} < 0$,即控制权水平增长得越高,转移利润的边际成本越低。因此,此时的收

益函数则变为：

$$U = \alpha(1-S) + S - C(S, P) + D(Z) \tag{4.28}$$

同样假定最优转移比率 S^* 和最优派现比率 Z^* 的决定满足一个约束条件：公司将留存一部分盈利 I_0 用于今后的发展和再投资，并且假定 I_0 是由外生因素决定的（如公司所处行业平均再投资水平等），即 $(1-S)(1-Z) = I_0$，则要实现控股股东收益最大化，则其目标函数式(4.24)的一阶导数应该为 0，即：

$$U_S = -\alpha + 1 - C_S(S, P) + D_Z \frac{-I_0}{(S-1)^2} = 0$$

整理该式可得以下结果：

$$C_S(S, P) = 1 - \alpha + D_Z \frac{-I_0}{(S-1)^2} \tag{4.29}$$

将式(4.15)代入式(4.29)中，整理可得：

$$C_S\left(\frac{I_0}{Z-1} + 1, P\right) = 1 - \alpha - D_Z \frac{(Z-1)^2}{I_0} \tag{4.30}$$

在式(4.30)中，对 P 求偏导，可得：

$$C_{SP}(S, P) + C_{SS}(S, P) \frac{-I_0}{(Z-1)^2} \frac{\partial Z}{\partial P} = -D_{ZZ} \frac{(Z-1)^2}{I_0} \frac{\partial Z}{\partial P} - D_Z \frac{2(Z-1)}{I_0} \frac{\partial Z}{\partial P} \tag{4.31}$$

整理式(4.31)，可得：

$$\frac{\partial Z}{\partial P} = \frac{C_{SP}(S, P)(1-S)(1-Z)}{C_{SS}(S, P)(1-S)^2 + 2D_Z(1-Z) - D_{ZZ}(1-Z)^2} \tag{4.32}$$

根据前述变量及函数属性，可以确定式(4.32) < 0，即：

$$\frac{\partial Z}{\partial P} = \frac{C_{SP}(S, P)(1-S)(1-Z)}{C_{SS}(S, P)(1-S)^2 + 2D_Z(1-Z) - D_{ZZ}(1-Z)^2} < 0 \tag{4.33}$$

因此，根据式(4.33)可得出以下命题：

命题 3：现金股利派发水平负相关于终极控制人的控制权水平。

根据偏导数函数定理，

$$\frac{\partial P}{\partial Z} - \frac{\partial \alpha}{\partial Z} = \frac{\partial P - \partial \alpha}{\partial Z} = \frac{\partial (P - \alpha)}{\partial Z} \tag{4.34}$$

而 $p-\alpha$ 即是终极所有权结构衡量指标。根据式(4.33)和式(4.23)的属性,可以判断式(4.34)小于零,即:

$$\frac{\partial(P-\alpha)}{\partial Z} < 0 \qquad (4.35)$$

因此可以得出以下命题:

命题4:现金股利派发水平负相关于两权分离度。这说明,控制性股东因为拥有高额控制权在现金股派发决策中实施了利益侵占行为,现金股利政策被异化为控制性股东利益侵占的工具。

第五章 终极所有权结构与现金股利政策关系的实证分析

第一节 引言

本章主要开展对第四章理论模型推导出的研究假设的实证检验。我们以我国沪深两市 A 股上市公司为研究对象，分别开展关于终极所有权结构质与量角度的实证分析。量的层面的研究包括现金股利政策和现金流权、控制权、分离度关系的检验，分别从单变量影响和交互影响两个层面具体展开；质的方面，主要从最终控制人性质考察终极所有权结构质的属性不同如何影响现金股利政策。

已有研究在选取样本时，较多地选取 2—3 年的数据开展研究，如宋玉和李卓（2007）选取了 2002—2004 年间的数据。同时，大多数选取了民营或家族企业的数据进行检验。这些样本的选取一方面限于研究者研究时数据的可得性，另一方面也在于研究者发现，两权分离特性在民营和家族控制的公司中更为显著。本书选取样本时，数据的可得性有所提高；另外，对终极所有权结构特性的分析也显示出最终控制人为国有性质的公司占我国上市公司的大多数，民营和家族控制仅是其中的一部分，如果仅考虑民营或家族控制可能无法全面反映终极所有权结构与现金股利政策的关系，因此，本章选取了 2003—2012 年的数据构成大样本开展基于终极所有权结构的现金股利政策的全面检验。

对于终极控制人性质的分类方法与第三章相同，主要考虑其经济性质分为两大类，即国有与非国有，分别验证不同性质的最终控制人属性对现金股利政策的影响，更深入地挖掘终极所有权结构与现金股利政策关系背后隐藏的事实。

本章以下部分结构如下：第二部分进行理论分析并提出研究假设；第三部分说明本章的研究方法，包括样本的选取、数据筛选原则、变量描述及模型的设定；第四部分是检验结果分析；第五部分是本章小结。

第二节 理论分析及研究假设

根据利益侵占理论框架，通过复杂代理链持股而获得控制权的终极控制人存在现金流权和控制权分离的现实，这一特殊的控制权治理结构使具有经济人属性的终极控制人的决策必然是不同现金流权和控制权配置水平下为实现私有收益最大化目标诉求而进行选择的结果。作为公司重要财务决策之一的现金股利政策作为终极控制人的一种利益侵占工具也必然受到终极控制人不同现金流权水平和控制权水平及二者分离程度的影响。

代表终极控制人收益分享权的现金流权直接反映了现金分红时最终控制人可以实际获得的现金收益。越大的现金流权水平意味着更多的现金股利收益进入最终控制人手中。如果不派发现金股利，相应终极控制人失去的现金股利收益也较高。因此，它的增加削弱了借助于控制权终极控制人为自己谋取私利的可能性，即当终极控制人利用控制权不派发现金股利而获取其他私有收益时，失去的现金股利成为获取其他私有收益的机会成本，这一机会成本大小与现金流权水平正相关。机会成本使终极控制人其他利益侵占方式实施的同时，既损害了中小投资者利益也使自己承担了较大的损失。因此，现金流权对终极控制人的其他利益侵占方式产生了约束效应，从而对现金股利支付产生了激励作用，也就是说，现金股利派发的意愿和派发水平在现金流权的增加过程中会受到激励，随着现金流权的增加它们会同步增加，这恰好与第四章理论模型推导形成的命题1吻合。有鉴于此，我们提出假设1：

假设1：派现意愿和派现水平与现金流权正相关。

直接或间接持有方式使代表终极控制人投票权的控制权逐步大于现金流权而发生了分离。在分离度不断增加的情况下，终极控制人的利益侵占成本随着因分离度扩大而被提高的控制权逐步降低。侵占成本与控制权水平也必然呈现负向变化趋势。这种负向变化态势在我国法律保护不完善的资本市场环境下，效应更为显著，使得终极控制人实施利益侵占的可能性更大。于是，利益协同效应和壕沟防御效应在两权分离的情况下在终极控制人的决策选择中出现了。壕沟防御效应出现在控制权水平较低状态；相反，则出现利益协同效应。终极控制人对这两种效应的选择主要取决于不同控制权水平下的不同侵占行为私有收益和获取成本的权衡。高水平的控制权甚至绝对控制水平的控制权状况融合了终极控制人的个人利益与公司利益，将使终极控制人选择减少利益侵占行为而积极采取措施提升维护公司价值。

利益侵占假说下，现金股利政策所具有的利益侵占的身份使其与其他利益侵占方式之间形成了竞争关系。当控制权水平较低时，终极控制人究竟选择哪一种利益侵占方式取决于其他利益侵占获取收益与现金股利政策获取收益的权衡。相对于其他利益侵占方式获取私有收益而言，现金股利共享收益的特性使得处于较低控制权水平的终极控制人的选择不是现金股利共享收益，而是具有高额私有收益的其他利益侵占行为。因此，终极控制人选择不派现或少派现，利用其他利益侵占方式侵占外部中小股东利益。那么，派现意愿和派现水平就会与控制权表现出负相关关系，这与理论模型推导提出的命题3一致。但是一些学者的研究却发现了控制权与派现水平之间的非线性"U"形关系，如宋玉、李卓（2007），邓建平、曾勇（2005），姚丹珺（2014）。他们的结论说明了不同的控制权水平下，派现意愿、派现水平和控制权的关系具有差异性。而当控制权提升到较高水平甚至绝对控制水平后，放弃现金股利的成本大幅度上升，终极控制人实施其他利益侵占行为在侵占外部中小股东利益的同时，自己也承受了巨大的损失，因为，高控制权水平同时伴随而来的高现金流权水平发挥了对现金股利的激励效应，使派现成为终极控制人的第一选择，从而形成了控制权与派现意愿和支付水平的正相关关系。综上所述，我们提出假设2和假设3：

假设2：现金股利支付意愿和支付水平与控制权表现出正"U"形关系。

正是由于控制权的特殊作用使得分离度的增加降低了利益侵占的成本，而激发了其他利益侵占的动机，提高了实现的可能性，使此时终极控制人的选择更倾向于以其他利益侵占方式谋取私利而放弃现金股利这一共享收益。自然产生了分离度和派现意愿及派现水平之间的负向变化。据此，我们提出假设3：

假设3：派现意愿和派现水平与分离度存在负相关关系。

终极控制人属性差异在现金股利政策选择上会有所反映这一结论在已有大量研究中均已发现。当最终控制人性质为国有时，其受到国有监管体系的约束较强，因而，采用其他利益侵占方式的动机较弱，更倾向于派现，尤其当其组织形式为政府时，派现的意愿和水平都会较高。而非国有由于受到的监管相对较少，同时不完善的外部治理环境使其实施其他利益侵占的可能性和动机更强，尤其是家族控制的公司，更为突出，这在宋玉、李卓（2007）的研究中都得到了证实。后续罗宏等（2008）、颜亨莎（2014）、姚丹珺（2014）等研究中都证实了国有属性带来了更高的现金股利派现意愿和支付。考察我国资本市场特殊的制度背景，不难发现，国有和非国有属性的终极控制人无论在利益诉求或拥有股权的成本方面都存在显著差异。国有性质的终极控制人拥有的股权在股权分置改革前属于非流通股，不能获取二级市场上的买卖差价这一资本利得收益，主要的收益来源是现金分红，因此，他们倾向于大量派现和高水平派现。股改后，虽然非流通股属性得以改变，可以进入市场流通，但并没有改变终极控制人存在的现状，终极控制人依旧要根据利益诉求进行决策。而国有属性较高的现金流权和所肩负的政治责任及未改变的外部严格监管体系的存在，使得国有属性终极控制人更倾向于大量派现，在自身获得高额现金股利的同时，也借以体现对中小股东利益的保护，有助于传递利好信息，满足对其业绩考核和政治诉求的需要。有鉴于此，我们提出假设4：

假设4：是否派现概率和派现水平因最终控制人性质不同而有所不同，当最终控制人性质为国有时，派现意愿和派现水平都较高。

以上假设的提出都是基于现金股利的利益侵占理论框架前提下，认为现金股利政策是公司实施利益侵占的工具。这一理论推导中都存在一个假设前提是投资者法律保护不存在或水平较低。但在我国资本市场发展进程中，资本市场监管法律和投资者法律保护制度不断完善和提高的发展态势使终极控制人的决策环境处于法律保护不断加强的动态发展中，这一发展现实提高了终极控制人利益侵占的风险，改变了他们在现金股利决策上的选择，现金股利政策利益侵占工具的本质逐步变化，可能发展成为掩饰上市公司利益侵占的面具，这在肖作平、苏忠秦（2012）的研究中得到证实。如果现金股利政策的本质转变为掩饰其利益侵占的面具，那么基于利益侵占工具的决策机制将会发生本质变化。当终极控制人处于两权分离的较低控制权水平时，终极控制人将会倾向于以派现掩饰其实施的其他利益侵占行为。因为，通过派现政策他们向中小投资者传达了终极控制人减少自己可控资金资源的信息，表明了利益侵占可能性的降低，从而获取了外部中小投资者的信任。这种信任有效降低了中小投资者在获知公司存在终极控制人的情况下可能会对公司产生终极控制人将利用控制权侵占其利益的不信任而导致的减少对公司投资引发公司股价下降及融资能力下降的可能性。此时，派现意愿会随着控制权水平的提高而提高，其他利益侵占方式与派现意愿之间不存在显著负相关的竞争关系，甚至可能是正相关的相互促进关系。但是对于现金股利支付水平而言，决策机制又不一样。由于受到实施利益侵占耗费大量资金而造成的资金流水平较低的约束，作为确定派现决策的次级决策选择，派现水平可能不会随着控制权水平的提高而提高。这是因为，派现决策的做出已经达到了掩饰其他利益侵占行为的目的，不需要再通过高水平派现掩饰，而实施其他利益侵占行为对资金的需求也不可避免地约束了派现的水平，因此，随着控制权水平提高而降低的派现水平并不意味着派现与其他利益侵占方式的显著竞争关系。而当控制权水平达到较高甚至绝对控制时，使公司价值与终极控制人个人利益融合，与中小投资者的代理冲突弱化，中小投资者认为现金流权的激励机制可以约束终极控制人的决策选择，因此，终极控制人不需要再通过是否派现掩盖其他利益侵占行为，派现意愿可能会下降，显著相关关系将不存在二者之间。在控制权水平较高的情况下，由于终极控制人不需要通过现金股利掩饰其利益侵占行为，派现水平的决定则是在综合考虑公司实际情况和外部约束条件下做出的。首先要受制于现金流权的约束机制，派现水平低，会导致终极控制人遭受巨大的损失，所以支付水平会随着控制权的增加而增加。派现水平此时依旧不具有与其他利益侵占行为的显著关系。根据以上分析，我们提出如下假设：

假设5：如果现金股利政策是终极控制人实施利益侵占的工具，则在控制权水平低时，其他利益侵占方式与派现意愿和派现水平呈负相关关系。这种负相关关系在控制权水平较高时被弱化。

假设6：如果现金股利政策是终极控制人掩饰利益侵占的面具，则在控制权水平低时，其他利益侵占方式与派现意愿和派现水平不存在显著负相关关系，甚至存在正相关关系；随着控制权水平的提高，其他利益侵占方式与派现意愿和派现水平均不存在显著相关关系。

第三节　研究方法

一　样本的选取及数据筛选原则

按照中国证监会对公司股东情况披露的相关要求，实际控制人信息自2004年开始必须在上市公司年报中予以披露，披露方式除文字介绍外，还必须以方框图的方式披露产权控制链，因此，较为全面的终极所有权结构基础数据自2004年起开始披露。但是，国泰君安（CSMAR）数据库提供的数据包括了2003年的，因此，我们确定2003年为研究数据的起始年。至于自2005年后开始实施的股权分置改革是否对终极所有权结构和现金股利政策关系造成影响，我们将在其后的第七章中专门进行检验，在此部分不再重复。

本章研究初始样本取自沪深两市 2003—2012 年所有 A 股上市公司，数据处理原则如下：①对于具有经营、监管和会计处理各方面特殊性而具有较低可比性的金融、保险行业予以剔除；②为避免由于监管特殊性而可能存在非正常行为的所有曾 ST、PT 的上市公司也予以剔除；③凡是缺失公司财务、公司治理和现金股利数据的公司也予以剔除。经过以上处理，共得到 9064 个观测值。

本章实证分析用到的公司治理、公司财务和现金分红所有数据均来源于国泰君安（CSMAR）数据库，部分行业缺失数据根据上海证券交易所和深圳证券交易所披露的市场年度统计数据和上市公司年报整理取得。数据加工及分析由 SPSS 17.0 完成。

二　变量描述及模型设定

本章主要研究派现意愿和派现水平这两个现金股利政策核心内容与终极所有权结构的关系。因此设置三个被解释变量，即代表派现意愿的虚拟变量：是否派现的二分类变量 DIV – ID；代表派现水平的两个变量：每股现金股利 CDPS 及现金股利支付率 CDPR。设置终极所有权结构的四个基本解释变量：即现金流权、控制权、分离度和是否国有虚拟变量。此外，为检验控制权是否存在非线性关系，同时设置控制权平方项解释变量。考虑到直接将控制权的平方项引入方程会引起多重共线性问题，因此，借鉴夏立军和方轶强（2005）、宋玉和李卓（2007）的做法，对控制权平方项进行中心化处理，控制权平方变量用控制权实际值减去样本公司控制权均值后平方形成。同时对控制变量的设置依据已有研究，主要选择对公司盈利能力、负债约束、成长性、规模和自由现金流水平等微观变量予以控制。

另外，对假设 6 的检验需要引入其他利益侵占行为代理变量，借鉴已有研究做法，我们选取了以资金占用作为现金股利政策以外其他利益侵占方式的代理变量。在李增泉等（2004）的研究中，该指标采用关联方应收应付款净值除以总资产进行度量；此后王俊秋（2006）采用了关联方交易中大股东与公司间的应收款项和公司与大股东间的应付款项的净值衡量资金占用；马曙光（2005）研究时，考虑到大多数情况，控股股东对上市公司的资金占用都不在关联方应收应付款中披露，导致如果采用关联方这一数据，可能出现低估风险，甚至使数据横向可比度降低，因此，采用了以公司其他应收款除以资产总额进行度量。根据以上研究提供的思路，为较为全面地剖析问题本质，我们选取以下三个指标度量资金占用：①其他应收款除以总资产；②其他应收款、应收账款和预付账款之和除以总资产；③净资金占用比例：（其他应收款+应收账款+预付账款－其他应付款－应付账款－预收账款）/总资产（杨颖，2011）。表5-1列示了所有研究变量及变量的定义。

表5-1　　　　　　　　　　研究变量定义

类型	变量名		变量定义
因变量	DIV-ID		是否派现的二分类变量，派现，取1；不派现，取0
	CDPAYOUT	CDPR	现金股利支付率，每股现金股利/每股收益
		CDPS	每股现金股利
自变量	ULTISTRCTURE	CFR	现金流权
		CR	控制权
		CR^2	控制权的平方项，用控制权的实际水平减去所有样本公司控制权均值后的平方
		SR	分离度，用控制权减去现金流权
		State	最终控制人性质是否国有，国有取值为1，非国有取值为0
	Tunnel1		其他应收款/总资产
	Tunnel2		（其他应收款+应收账款+预付账款）/总资产
	Tunnel3		（其他应收款+应收账款+预付账款－其他应付款－应付账款－预收账款）/总资产
	Tunnel1h		控制权水平高于资金侵占的交叉变量，等于Tunnel1乘以CR-G
	Tunnel2h		控制权水平高于资金侵占的交叉变量，等于Tunnel2乘以CR-G
	Tunnel3h		控制权水平高于资金侵占的交叉变量，等于Tunnel3乘以CR-G

续表

类型	变量名	变量定义
控制变量	CR－G	控制权高的虚拟变量。如果控制权大于样本公司控制权的中位数，取1；否则，取0
	DEBT	资产负债率，控制债务对现金股利的约束
	lnasset	规模控制变量，取总资产的自然对数
	MNR	市净率，控制公司成长性
	FCFF	每股股权自由现金流
	ROE	净资产收益率，控制公司的盈利能力

根据研究需要和变量特点对是否派现的检验采用 Logistic 回归，而对现金股利支付的检验则采用多元线性回归，因此，设置以下四个模型分别进行检验。

模型 1：Logit（DIV－ID）= $\beta_0 + \beta_1 \text{ULTISTRCTURE} + \beta_2 \text{Control variables} + \varepsilon$

模型 2：CDPAYOUT = $\beta_0 + \beta_1 \text{ULTISTRCTURE} + \beta_2 \text{Control variables} + \varepsilon$

模型 3：Logit（DIV－ID）= $\beta_0 + \beta_1 \text{Tunne} + \beta_2 \text{Control variables} + \varepsilon$

模型 4：CDPAYOUT = $\beta_0 + \beta_1 \text{Tunnel} + \beta_2 \text{Control variables} + \varepsilon$

其中，模型 1 主要用于派现意愿检验分析；模型 2 主要用于派现水平检验分析；模型 3 和模型 4 用于现金股利究竟是利益侵占工具或掩饰利益侵占的面具的检验分析。

三 全样本主要变量的描述性统计

表 5－2 显示，在全样本中，2003—2012 年的十年间，沪深两市 A 股上市公司派发现金股利的公司累计有 5166 个，累计有 3898 个公司没有派发现金股利，累计派现公司占样本总体的 56.99%，十年间累计超过半数以上的公司实施了派现。现金股利支付水平的统计数据显示：每股股利均值水平达到税前 0.16，水平不高。现金股利支付率平均水平为 44.69%，说明上市公司每股收益的一半以上留在了公司内部未进行分配。其次，考察样本总体的终极所有权结构关键变量发现，现金流权的平均水平为 33.91%，控制权平均水平为 39.76%，

控制权平均水平高于现金流权平均水平。分离度平均水平达到5.85%，这说明上市公司存在终极所有人，而且存在控制权与现金流权的分离，终极控制人的现金流权和控制权整体平均水平较高，但分离度水平不高。

表 5-2　　　　　　　　全样本主要变量描述性统计

变量	样本数	最小值	最大值	中位数	众数	均值	标准差
DIV-ID	9064	0	1	1	1	0.57	0.50
CDPS	5166	0.004	4.00	0.10	0.1	0.16	0.17
CDPR	5166	-4.88	11.63	0.36	0.5	0.44	0.5
CFR	9064	0.22	86.71	31.53	30	33.91	18.01
CR	9064	1.49	89.57	38.8	50	39.76	16.13
SR	9064	0	53.42	0	0	5.85	8.31
STATE	9064	0	1	1	1	0.62	0.49
MNR	9064	-482.80	1020	2.62	2	4.30	17.57
FCFF	9064	-63.09	8.19	-0.68	0	-1.38	2.64
ROE	9064	-79.89	9.34	0.08	0.01	0.02	1.4
DEBT	9064	0	877.26	0.49	0.25	0.58	9.21
lnasset	9064	12.31	30.50	21.42	22.79	21.54	1.25

第四节　检验结果分析

一　终极所有权结构与派现意愿、派现水平关系的检验结果分析

1. 单变量分析

从表5-3派现、不派现子样本主要变量均值比较可以看出：派现公司的现金流权平均水平高于不派现公司的水平，相应的控制权也高于不派现公司的平均水平，初步表明公司是否派现与现金流权之间存在正相关关系，初步验证了假设1。考察分离度情况发现，派现与

不派现公司的分离度均值水平相近,派现公司的分离度略低于不派现公司的分离度,分离度与派现意愿呈负相关关系,初步验证了假设3。但国有属性的均值水平在派现与不派现两个子样本间差异不显著。其他控制变量中值得注意的是,每股股权自由现金流整体平均水平无论在派现或不派现子样本中都显示负值,证实自由现金流不足的现象在上市公司中普遍存在。

表5-3　　　　派现、不派现子样本主要变量均值比较

变量	派现 样本数	派现 均值	不派现 样本数	不派现 均值
CFR	5166	36.69	3898	30.227
CR	5166	42.52	3898	36.1162
SR	5166	5.82	3898	5.89
STATE	5166	0.61	3898	0.62
CDPS	5166	0.1623	3898	—
CDPR	5166	0.4449	3898	—
DEBT	5166	0.4363	3898	0.76
lnasset	5166	21.64	3898	21.42
MNR	5166	3.3	3898	5.63
FCFF	5166	-1.383	3898	-1.379
ROE	5166	0.1198	3898	-0.1033

以上派现、不派现公司主要变量的均值比较初步验证了假设1和假设3,但对于假设4没有表现出显著性。以下则通过回归分析,检验终极所有权结构与派现意愿和派现水平的关系。

表5-4显示,派现意愿与现金流权存在显著正相关关系,在1%水平显著,支持了假设1;终极控制人的国有性质与派现意愿表现出1%水平的显著正相关,支持了假设4;派现意愿与分离度没有表现出显著性,不支持假设3。

而对于控制权的检验则出现了与假设恰好相反的结果,控制权与是否派现的概率在1%水平显著正相关,控制权的平方与是否派现的

表 5-4　全样本派现意愿单变量回归结果

变量	模型 1	模型 2	模型 3	模型 4
CFR	0.014 *** (108.08)			
CR		0.018 *** (137.64)		
CR^2		-0.00017 ** (3.99)		
SR			0.000 (0.08)	
State				0.134 *** (6.95)
DEBT	-2.739 *** (345.33)	-2.761 *** (350.81)	-2.794 *** (366.06)	-2.846 *** (372.99)
lnasset	0.131 *** (40.55)	0.134 *** (42.44)	0.144 *** (50.45)	0.138 *** (45.7)
MNR	-0.143 *** (219.72)	-0.142 *** (218.65)	-0.149 *** (22.94)	-0.148 *** (236.41)
FCFF	-0.077 *** (42.78)	-0.077 *** (46.57)	-0.075 *** (46.16)	-0.076 *** (47.35)
ROE	9.03 *** (726.15)	8.891 *** (703.87)	9.336 *** (769.46)	9.397 *** (771.99)
Nagelkerke R Square	0.296	0.299	0.283	0.284
Chi-square	2256.87 ***	2286.23 ***	2146.80 ***	2153.67 ***
样本数	9064	9064	9064	9064

注：(1) 系数值下方括号中的值是各变量系数的 Wald 检验值。
(2) * 代表在10%水平显著，** 代表在5%水平显著，*** 代表在1%水平显著。

概率在5%水平显著负相关，控制权与派现意愿之间呈现倒"U"形关系。意味着派现意愿在控制权水平较低时表现出与控制权同向变动的规律；当控制权水平逐步增加到较高甚至绝对控制后，派现意愿随着控制权的增加而降低。这一相反结果的出现初步说明现金股利支付意愿作为利益侵占方式的假设不成立，那么是否现金股利支付意愿的形成是终极控制人掩饰其利益侵占的面具呢？这正是假设5和假设6要检验的问题，我们将在下一部分进行检验。

表5-5和表5-6分别显示了派现水平每股股利和股利支付率与终极控制权结构关键变量的关系。每股股利和现金股利支付率与现金流权变现呈现出稳定的显著正相关关系，支持了假设1；每股股利和现金股利支付率没有显现出与分离度的显著关系，没有为假设3提供证据；国有属性在现金股利支付的相对水平上表现出显著正相关关系，但与绝对支付水平每股股利没有显著相关关系，这证明了终极控制人为国有属性时，更关注从当期利润中拿出多少派发现金股利，而不关注每股派现的绝对值。因为，较高的派现比率才能使其获得更高的每股股利的现金收益。

稳定的"U"形关系出现在控制权与现金股利支付绝对水平和相对水平的关系上。也就是说：较低控制权水平带来的是现金股利支付水平与控制权的负相关关系；相反，分离情况下的较高控制权水平则带来了更多的每股股利和股利支付率。这一关系验证了假设2关于现金股利支付水平的假设，但是否说明，就现金股利支付水平而言，现金股利政策是终极控制人实施利益侵占的工具呢？对这个问题的检验将在下一部分深入展开。

观察控制变量的变化时，我们发现，在派现意愿的回归分析中，各控制变量的符号和显著性在不同终极所有权结构变量的回归中均没有发生变化，均在1%水平显著，且系数变动幅度不大，都保持了良好的稳定性。除每股自由现金流出现异常的显著负相关关系外，资产负债率、规模、盈利能力和代表成长性的市净率均与理论预期一致，各自表现出应有的显著关系。

在检验现金流权、控制权、分离度及国有属性与现金股利支付水平时，控制变量在考察每股股利和股利支付率时情况有所不同。每股股利的回归中，不显著的控制变量是代表公司成长性的市净率和股权

表 5-5　　全样本派现水平每股股利的单变量回归结果

变量	模型 1	模型 2	模型 3	模型 4
CFR	0.089 *** (7.27)			
CR		0.089 *** (6.778)		
CR^2		0.036 ** (2.771)		
SR			0.004 (0.359)	
State				0.014 (1.095)
MNR	0.001 (0.088)	0.002 (0.18)	-0.002 (0.159)	-0.001 (-0.102)
FCFF	-0.012 (-0.91)	-0.013 (-1.04)	-0.009 (-0.71)	-0.01 (-0.787)
ROE	0.434 *** (31.83)	0.428 *** (31.32)	0.438 *** (31.93)	0.44 *** (32)
DEBT	-0.228 *** (-17.242)	-0.228 *** (-17.29)	-0.236 *** (-17.83)	-0.239 *** (-17.77)
lnasset	0.029 ** (2.331)	0.026 ** (2.07)	0.039 *** (3.06)	0.036 *** (2.86)
Adjusted R^2	0.248	0.251	0.24	0.24
F	284.8 ***	248.78 ***	273.23 ***	273.46 ***
样本数	5166	5166	5166	5166

注：(1) 系数值下方括号中的值是各变量系数的 t 检验值。

(2) *代表在10%水平显著，**代表在5%水平显著，***代表在1%水平显著。

(3) 系数值为标准化系数。

表 5-6　全样本派现水平股利支付率单变量回归结果

变量	模型1	模型2	模型3	模型4
CFR	0.051*** (3.794)			
CR		0.049*** (3.385)		
CR^2		0.025* (1.719)		
SR			0.001 (0.093)	
State				0.059*** (4.255)
MNR	0.015 (1.01)	0.016 (1.06)	0.013 (0.88)	0.017 (1.099)
FCFF	0.03** (2.08)	0.029** (2.01)	0.031** (2.18)	0.027* (1.86)
ROE	-0.256*** (-16.87)	-0.26*** (-17.08)	-0.25*** (-16.67)	-0.248*** (-16.351)
DEBT	-0.06*** (-4.09)	-0.06*** (-4.08)	-0.065*** (-4.42)	-0.076*** (-5.1)
lnasset	-0.013 (-0.96)	-0.016 (-1.11)	-0.008 (0.585)	-0.017 (-1.2)
Adjusted R^2	0.071	0.072	0.068	0.071
F	66.38***	57.99***	63.8***	67.04***
样本数	5166	5166	5166	5166

注：(1) 系数值下方括号中的值是各变量系数的 t 检验值。
(2) *代表在10%水平显著，**代表在5%水平显著，***代表在1%水平显著。
(3) 系数值为标准化系数。

自由现金流，而盈利能力、公司规模和债务约束控制变量保持应有的显著性，发挥了应有的作用。但在考察现金股利支付率时，公司规模和代表公司成长性的市净率控制变量不显著，自由现金流和债务约束机制发挥了作用，但盈利能力的显著正相关关系变成了显著负相关关系。

各单变量回归的结果证实以下结论：基于终极控制人存在的现实，终极所有权结构关键变量对现金股利政策的影响机制各不相同。派现意愿和派现水平和现金流权之间的正相关关系稳定存在，而终极控制人的控制权对派现意愿和派现水平影响机制相反，终极控制人国有属性表现出显著的派现倾向，他们对派现水平的关注点是现金股利支付的相对水平。

以上全样本单变量回归结果证实了假设 1 和假设 4，但没有给出分离度与派现意愿和派现水平显著负相关的证据，分离度真的不会影响派现意愿和派现水平吗？为此，在全样本分析的基础上，我们针对不同的分离度将样本划分为不同的子样本进行交互效应分析。

2. 交互效应分析

分离、不分离子样本主要变量的描述性统计结果如表 5-7 所示，数据结果显示：不分离组中，累计派现公司占子样本总体的 60.14%，比分离组 53.31% 的水平高，是否派现 0.6 的均值也大于分离组 0.53 的均值。这些数据为分离度与派现意愿和派现水平的负相关关系提供了证据；不分离子样本远大于分离组的现金流权水平再次为现金流权与派现概率正相关关系提供了证据。

比较不分离组和分离组派现水平可以发现，每股股利和现金股利支付率在两组间差距不大，但略高于分离组的现金股利支付水平，初步表明了它与分离度的负相关关系。比较两组其他特性，可以看出，不分离组的资产负债率远远低于分离组平均水平，代表规模的变量高于分离组水平，成长性低于分离组水平，盈利能力高于分离组水平，说明不分离组公司具有债务水平相对较低、规模大、成长性小、盈利水平高的特点，以上特点为现金股利支付提供了条件保障。两个子样本关键变量的描述性统计初步证实：派现意愿和派现水平随现金流权同步变动，处于不同分离度子样本的公司的终极控制关键变量与现金股利政策的关系也不相同。

表 5-7　分离、不分离子样本主要变量的描述性统计结果

变量	不分离 样本数	不分离 均值	分离 样本数	分离 均值
CFR	4890	41.72	4174	24.767
CR	4890	41.72	4174	37.476
STATE	4890	0.813	4174	0.391
DIV-ID	4890	0.60	4174	0.53
CDPS	2941	0.1625	2225	0.1621
CDPR	2941	0.4511	2225	0.4366
DEBT	4890	0.47	4174	0.7
lnasset	4890	21.59	4174	21.48
MNR	4890	3.974	4174	4.679
FCFF	4890	-1.315	4174	-1.46
ROE	4890	0.043	4174	0.001

不同分离度子样本回归结果显示：①对于不分离子样本，检验的重点是现金流权和国有属性。因此，此时控制权与现金流权重合而不必检验。首先，现金流权与派现意愿的回归结果证实，现金流权与现金股利派发的概率仍旧保持显著的正相关关系。主要控制变量均符合理论预期，但每股自由现金流控制变量异常负相关。虽然现金股利支付水平与现金流权稳定存在显著正相关，但控制变量表现出各不相同的影响度。在考察现金流权与每股股利关系的回归中，只有盈利能力债务的刚性约束机制发挥了作用，自由现金流、市盈率、资产规模都未能对每股股利支付产生显著影响。现金流权与现金股利支付率关系的回归中，控制变量异常情况更多。显著的控制变量：一是资产负债率，关系正常；二是盈利能力，关系与理论预期相反，其他控制变量一概不显著。这说明，在两权不分离的情况下，终极控制人的现金流权是决定现金股利政策的主要因素，派现水平的形成比派现意愿的形成更具有非理性化的特点。其次，在考察不分离组国有属性对派现意愿的影响时，出现了国有属性与派现意愿显著负相关的特殊结果。这意味着，在不分离的情况下，终极控制人国有属性会导致其在是否派

现的决策上选择不派现。结合描述性统计结果可以看出，不分离组国有属性水平非常高，均值达到 0.813，且现金流权水平也较高，即控制权水平较高，因而他们拥有了对是否派现决策的控制权。两权不分离，使得国有属性的终极控制人在决策选择上从上市公司长远发展和

表 5 - 8　　　　　　　　不同分离度派现意愿的回归结果

变量	不分离		分离		
	模型 1	模型 2	模型 1	模型 2	模型 3
CFR	0.013 *** (38.68)		0.016 *** (45.48)		
CR				0.023 *** (95.92)	
CR^2				-0.0003 ** (4.457)	
State		-0.283 *** (8.87)			0.23 *** (10.3)
MNR	-0.162 *** (113.12)	-0.172 *** (127.06)	-0.123 *** (101)	-0.119 *** (94.68)	-0.125 *** (104.47)
FCFF	-0.076 *** (23.063)	-0.073 *** (21.78)	-0.077 *** (24.44)	-0.078 *** (24.96)	-0.082 *** (27.59)
ROE	11.469 *** (455.05)	11.62 *** (464.8)	7.112 *** (284.97)	6.86 *** (267.04)	7.52 *** (314.1)
DEBT	-2.877 *** (196.63)	-2.75 *** (175.35)	-2.5 *** (136.76)	-2.5 *** (135.75)	-2.71 *** (161.55)
Lnasset	0.103 *** (12.973)	0.121 *** (18.135)	0.16 *** (29.1)	0.16 *** (28.35)	0.163 *** (30.03)
Nagelkerke R Square	0.319	0.313	0.271	0.29	0.261
Chi - square	1315.12 ***	1284.97 ***	945.11 ***	1002.04 ***	908.89 ***
样本数	4890	4890	4174	4174	4174

注：(1) 系数值下方括号中的值是各变量系数的 Wald 检验值。

(2) *代表在 10% 水平显著，**代表在 5% 水平显著，***代表在 1% 水平显著。

表5-9　　　　　　不同分离度派现水平每股股利的回归结果

变量	不分离 模型1	不分离 模型2	分离 模型1	分离 模型2	分离 模型3
CFR	0.107*** (6.735)		0.064*** (3.36)		
CR				0.083*** (4.277)	
CR²				0.047** (2.435)	
State		0.011 (0.634)			0.002 (0.08)
MNR	-0.011 (-0.637)	-0.018 (-1.04)	0.012 (0.552)	0.012 (0.572)	0.013 (0.607)
FCFF	-0.023 (-1.372)	-0.019 (-1.11)	0.003 (0.128)	-0.001 (-0.075)	0.001 (0.045)
ROE	0.479*** (27.14)	0.489*** (27.48)	0.387*** (18.2)	0.379*** (17.78)	0.393*** (18.46)
DEBT	-0.21*** (-12.07)	-0.213*** (-11.87)	-0.258*** (-12.68)	-0.255*** (-12.62)	-0.269*** (-13.18)
Lnasset	-0.0009 (-0.055)	0.008 (0.496)	0.064*** (3.33)	0.06*** (3.12)	0.069*** (3.53)
Adjusted R Square	0.278	0.313	0.228	0.235	0.225
F	189.87***	1284.97***	110.78***	98.43***	108.35***
样本数	2941	2941	2225	2225	2225

注：(1) 系数值下方括号中的值是各变量系数的t检验值。

(2) *代表在10%水平显著，**代表在5%水平显著，***代表在1%水平显著。

(3) 系数值为标准化系数。

表 5–10　不同分离度派现水平股利支付率的回归结果

变量	不分离 模型1	不分离 模型2	分离 模型1	分离 模型2	分离 模型3
CFR	0.096*** (5.4)		0.022 (1.04)		
CR				0.019 (0.864)	
CR^2				-0.015 (-0.697)	
State		0.091*** (4.85)			0.049** (2.344)
MNR	0.002 (0.114)	0.0004 (0.02)	0.034 (1.44)	0.033 (1.43)	0.034 (1.47)
FCFF	0.024 (1.3)	0.025 (1.32)	0.029 (1.33)	0.029 (1.31)	0.028 (1.3)
ROE	-0.292*** (-14.77)	-0.277*** (-13.995)	-0.234*** (-9.95)	-0.233*** (-9.83)	-0.232*** (-9.89)
DEBT	-0.07*** (-3.66)	-0.098*** (-4.91)	-0.065*** (-2.86)	-0.067*** (-2.95)	-0.069*** (-3.01)
Lnasset	-0.01 (-0.59)	-0.016 (-0.844)	-0.021 (-0.958)	-0.02 (-0.89)	-0.019 (-0.899)
Adjusted R Square	0.097	0.095	0.057	0.057	0.057
F	53.37***	52.32***	20.19***	17.65***	23.38***
样本数	2941	2941	2225	2225	2225

注：(1) 系数值下方括号中的值是各变量系数的 t 检验值。
(2) *代表在10%水平显著，**代表在5%水平显著，***代表在1%水平显著。
(3) 系数值为标准化系数。

自身承担特殊政治需要出发，在考虑国家对国有资产监管的前提下做出选择，是否派现的决策更理性化，而不是利用现金股利套取现金，以上决策机制导致它与派现意愿负相关关系的产生。但是，一旦派现决策做出，高额现金流权的机会成本必定会使其选择高水平支付，现金股利支付水平与它的显著正相关关系自然产生，这在现金股利支付率的回归中得到证实。当然，每股股利没有与国有属性表现出显著正相关关系说明国有属性终极控制人更关注公司从当期利润拿出多少用于派现，而不特别关注每股的绝对水平，这与前述全样本回归的结果保持了一致。②在分离的情况下，首先，就派现意愿而言，现金流权、控制权和国有属性都与派现意愿保持了与全样本相同的关系，控制权对派现意愿的影响程度显著大于现金流权，这意味着在分离的情况下控制权对是否派现概率的影响力高于现金流权的影响力。控制变量关系变化与全样本结果保持了一致。其次，考察派现水平，情况有所变化。国有属性偏好现金股利相对水平而不关注现金股利绝对水平的特性没有改变。但现金流权、控制权与现金股利支付水平关系有所不同，突出表现在现金股利支付相对水平——现金股利支付率不再与现金流权和控制权表现出显著关系。但是现金股利支付绝对水平——每股股利依然与现金流权和控制权保持了与全样本一致的关系，控制权表现出高于现金流权的影响程度。这说明：在分离情况下，控制权是现金股利决策的主导力量，决策的关注点更偏好于每股股利。

二 现金股利：利益侵占的工具或是掩饰利益侵占的面具

前述研究中，我们已经发现控制权与派现意愿的倒"U"形关系不支持现金股利政策是终极控制人实施利益侵占手段的理论，为进一步验证究竟现金股利是利益侵占的工具还是掩饰利益侵占的面具，以下我们引入资金侵占代理变量衡量其他利益侵占方式，根据控制权水平高低不同将样本划分为控制权高和控制权低两个子样本。控制权水平高子样本的确定方法是：大于样本控制权变量中位数的即为控制权水平高子样本，相反则定义为控制权水平低子样本。引入控制权水平高虚拟变量 CR－G，并将该变量与三个资金侵占变量相乘构造三个新的交叉变量 Tunnel1h、Tunnel2h、Tunnel3h。根据前述假设，如果显著负相关关系出现在资金侵占变量与派发意愿和派现水平之间，且对应的交叉变量呈现显著正相关关系，则支持假设5，为现金股利利益侵占工具论提供新的证据。如果资金侵占变量与现金股利派发意愿和派现水平不存在显著负相关关系甚至显著正相关，且对应交叉变量不呈现显著相关关系甚至正相关关系，则证实假设6，现金股利异化为掩饰利益侵占行为的面具。

表5-11显示的检验结果证实了：两权分离时，派现意愿与资金占用不存在显著负相关关系，资金侵占总额和资金侵占净额与派现概率出现了显著正相关关系。当引入控制权高与资金侵占的交叉项后，资金侵占与派现概率并没有呈现出显著负相关关系弱化的情况，资金侵占净值与控制权高的交叉项都出现了显著正相关关系，这一结果不支持假设5，但支持假设6关于是否派现概率的假设。这说明，就派现概率而言，现金股利决策不是终极控制人实施利益侵占的工具，而是掩饰利益侵占行为的面具。当终极控制人实施资金侵占时，其派现的概率也提高，这一较高的派现政策是为了掩饰其他利益侵占行为而做出的。此时除每股股权自由现金流变量表现出与派现概率的负相关关系，其他控制变量在各回归模型中都保持了应有的符号和显著性。而每股股权自由现金流的负相关关系的出现是公司利用现金股利政策掩饰其利益侵占行为的必然结果。因为，公司在实施其他利益侵占行为的同时，又借助于派现掩饰其利益侵占行为，利益侵占和派现都占用了公司大量资金，必然导致自由现金流减少，自由现金流负相关关系的出现就可以解释了。

表5-11　　　　　　　分离时派现意愿与资金占用回归分析

变量	模型1	模型2	模型3	模型4	模型5	模型6
Tunnel1	0.022 (0.043)			-0.106 (0.398)		
Tunnel2		0.097*** (8.8)			0.044 (2.67)	
Tunnel3			0.112*** (9.62)			0.059* (3.77)

续表

变量	模型1	模型2	模型3	模型4	模型5	模型6
CR-G× Tunnel1				0.728** (4.65)		
CR-G× Tunnel2					0.51*** (27.66)	
CR-G× Tunnel3						0.345*** (12.87)
MNR	-0.126*** (106.64)	-0.12*** (101)	-0.122*** (100.38)	-0.124*** (104.22)	-0.12*** (94.28)	-0.12*** (97.32)
FCFF	-0.08*** (26.32)	-0.078*** (25.18)	-0.08*** (24.81)	-0.08*** (26.05)	-0.079*** (25.24)	-0.08*** (24.28)
ROE	7.46*** (311.66)	7.37*** (304.2)	7.37*** (304.33)	7.409*** (308)	7.22*** (292.48)	7.31*** (300.1)
DEBT	-2.64*** (153.69)	-2.76*** (164.6)	-2.74*** (164.1)	-2.67*** (155.77)	-2.899*** (177.601)	-2.81*** (170.2)
lnasset	0.173*** (31.8)	0.211*** (43.62)	0.211*** (43.99)	0.18*** (33.26)	0.239*** (54.77)	0.228*** (50.32)
Nagelkerke R Square	0.259	0.262	0.262	0.26	0.271	0.266
Chi-square	898.58***	912.23***	912.6***	904.27***	946.46***	928.02***
样本数	4174	4174	4174	4174	4174	4174

注：(1) 系数值下方括号中的值是各变量系数的 Wald 检验值。
(2) *代表在10%水平显著，**代表在5%水平显著，***代表在1%水平显著。

表5-12和表5-13对资金侵占与派现水平关系的检验结果也证实，二者之间不存在显著负相关关系。对控制权不同水平进行控制后，二者之间依旧未出现显著负相关关系，这支持了假设6，不支持假设5。所以，对于现金股利支付水平开展的检验也提供了现金股利不是终极控制人实施利益侵占工具的证据。较低控制权水平时出现的现金股利支付水平随着控制权增加而减少的现象并不是现金股利支付

表 5-12　派现样本分离时每股股利与资金占用回归分析

变量	模型 1	模型 2	模型 3	模型 4	模型 5	模型 6
Tunnel1	0.006 (0.296)			0.007 (0.333)		
Tunnel2		0.008 (0.374)			0.008 (0.31)	
Tunnel3			0.01 (0.494)			0.016 (0.631)
CR-G× Tunnel1				-0.003 (-0.152)		
CR-G× Tunnel2					-0.0007 (-0.026)	
CR-G× Tunnel3						-0.009 (-0.395)
MNR	0.013 (0.616)	0.013 (0.621)	0.013 (0.629)	0.013 (0.61)	0.013 (0.621)	0.013 (0.623)
FCFF	0.001 (0.05)	0.001 (0.056)	0.001 (0.066)	0.001 (0.053)	0.001 (0.057)	0.002 (0.084)
ROE	0.393*** (18.47)	0.393*** (18.42)	0.392*** (18.41)	0.393*** (18.46)	0.393*** (18.42)	0.393*** (18.41)
DEBT	-0.27*** (-13.18)	-0.27*** (-13.11)	-0.27*** (-13.18)	-0.269*** (-13.16)	-0.27*** (-13.11)	-0.27*** (-13.18)
lnasset	0.07*** (3.5)	0.072*** (3.452)	0.073*** (3.5)	0.071*** (3.49)	0.072*** (3.45)	0.073*** (3.5)
Adjusted R Square	0.225	0.225	0.225	0.224	0.224	0.224
F	108.36***	108.37***	108.4***	92.84***	92.85***	92.9***
样本数	2225	2225	2225	2225	2225	2225

注：(1) 系数值下方括号中的值是各变量系数的 t 检验值。

(2) *代表在10%水平显著，**代表在5%水平显著，***代表在1%水平显著。

(3) 系数值为标准化系数。

表 5-13　派现样本分离时现金股利支付率与资金占用回归分析

变量	模型 1	模型 2	模型 3	模型 4	模型 5	模型 6
Tunnel1	-0.012 (-0.534)			-0.013 (-0.539)		
Tunnel2		-0.02 (-0.901)			-0.027 (-0.958)	
Tunnel3			-0.016 (-0.713)			-0.023 (-0.825)
CR-G× Tunnel1				0.003 (0.144)		
CR-G× Tunnel2					0.011 (0.402)	
CR-G× Tunnel3						0.011 (0.421)
MNR	0.031 (1.33)	0.031 (1.31)	0.031 (1.32)	0.031 (1.336)	0.031 (1.32)	0.031 (1.32)
FCFF	0.033 (1.51)	0.033 (1.5)	0.033 (1.49)	0.033 (1.51)	0.033 (1.48)	0.032 (1.47)
ROE	-0.234*** (-9.98)	-0.233*** (-9.92)	-0.234*** (-9.93)	-0.235*** (-9.98)	-0.234*** (-9.93)	-0.234*** (-9.93)
DEBT	-0.06*** (-2.97)	-0.058** (-2.56)	-0.059*** (-2.62)	-0.06*** (-2.67)	-0.058** (-2.55)	-0.059*** (-2.62)
lnasset	-0.017 (-0.756)	-0.021 (-0.917)	-0.0193 (-0.847)	-0.017 (-0.748)	-0.021 (-0.922)	-0.019 (-0.844)
Adjusted R Square	0.055	0.055	0.055	0.054	0.055	0.054
F	22.46***	22.55***	22.5***	19.24***	19.35***	19.3***
样本数	2225	2225	2225	2225	2225	2225

注：(1) 系数值下方括号中的值是各变量系数的 t 检验值。
(2) *代表在10%水平显著，**代表在5%水平显著，***代表在1%水平显著。
(3) 系数值为标准化系数。

与其他利益侵占方式竞争的结果,而是因为,既然已经决定派现,派现的决策已经掩盖了终极控制人实施的其他利益侵占行为,那么具体派现水平就不需要过高,而由终极控制人根据成本与收益的权衡决定。控制权水平的提高也带来现金流权水平的不断提高使现金流权对股利的激励机制发挥作用,低派现提高了终极控制人的机会成本,所以,现金股利支付水平提高的主要原因是现金流权,其他利益侵占方式对其不产生显著作用。进一步考察其他控制变量的变化会发现,每股股利与资金侵占回归中,盈利能力、规模和债务约束变量都表现出与理论预期相符的方向且具有显著性,但成长性和自由现金流没有对每股股利发挥显著作用。而现金股利支付率的回归中,控制变量的显著性大幅度下降,只有债务的刚性约束机制发挥了作用,盈利能力与股利支付率又出现了负相关的异常现象,其他控制变量都不再显著。

综合以上派现意愿和派现水平与资金侵占关系的检验结果,我们证实了假设6,即现金股利政策不是终极控制人实施利益侵占的工具,而是异化成掩饰其他利益侵占行为的面具。这与已有大量研究结果都不一致。

第五节 本章小结

本章以沪深两市A股上市公司为研究对象,运用计量检验方法,通过十年大样本的单变量检验和交互效应分析,较为全面地从终极所有权结构质与量两个层面验证并揭示了它与现金股利政策的关系,完成了对第四章理论模型推导所提出假设的检验。在部分假设得以验证的同时,我们发现了新现象,形成了新论断,最终提出以下主要结论:

第一,就终极所有权结构量的方面而言,派现意愿和现金股利支付水平与现金流权的显著正相关关系稳定存在,支持假设1;分离度不同状况对是否派现概率和现金股利支付水平产生不同影响。控制权影响派现意愿和派现水平的机制截然不同。控制权与派现意愿之间存在先增后减的倒"U"形关系，但与现金股利支付水平之间存在先减后增的"U"形关系，这一结果支持了假设 2 关于派现水平的假设，但不支持派现意愿的假设。

第二，就终极所有权结构质的方面而言，最终控制人性质显著影响了派现意愿和现金股利支付水平，支持了假设 4 前一部分。国有属性的终极控制人偏好现金股利，但这种偏好性对于两权不分离的公司而言恰恰相反，国有性质的终极控制人不偏好发放现金股利。国有属性的终极控制人如果决定派现，则更关注派现的相对值水平，更关注公司实际从其当期利润中分配了多少，而不特别关注每股绝对值水平。

第三，我们的实证分析对基于现金股利利益侵占理论框架下所判定的现金股利利益侵占本质的解释没有予以证据支持，即不支持假设 5。但我们发现，当存在终极控制人两权分离的情况下，现金股利政策是终极控制人掩饰其他利益侵占行为的面具，不再表现出利益侵占工具的特性，支持假设 6。这一新的发现与王化成等（2007），邓建平、曾勇（2005），宋玉、李卓（2007）等人的结论均不一致，这为后续研究提供了新的研究视角，也为我国现金股利之谜的揭示提供了新的解释和支撑。

第四，在现金股利支付的相关检验中我们发现，针对现金股利支付的绝对值每股股利和相对值股利支付率分别开展的研究结果不完全一致，这并不意味着结论矛盾，而是说明绝对值和相对值的研究本身存在差异，终极所有权结构的质与量的特性对现金股利支付的绝对值和相对值的影响各不相同。

第五，在现金股利支付水平的检验中，出现了大量控制变量异常的情况，这说明上市公司的现金股利支付水平的决策存在非理性的特点，这些非理性特点的出现也更进一步说明，终极控制人利用现金股利政策掩饰其他利益侵占行为时，未理性考虑公司自身成长性等需要，目前的现金股利政策依旧存在异常决策机制，表现出异常行为选择。

本章在明确实务领域内确实存在最终控制人的前提条件下，运用实证分析方法揭示了现金股利政策和终极所有权结构关键变量之间存在怎样的关系，分析发现了现金股利政策是最终控制人掩饰利益侵占行为面具的新现象。以上结论丰富了已有研究成果。更为重要的是，我们选取沪深两市除金融行业外的全部 A 股上市公司 10 年的数据进行了研究，使样本更全、更具有普遍性，保证了结论的普适性和稳健性。

第六章 投资者法律保护背景下终极所有权结构与现金股利政策关系的实证分析

第一节 引言

在第五章的微观实证检验后，本章引入宏观制度环境因素，从投资者法律保护这一资本市场关注的热点入手，讨论它与现金股利政策的关系。基于二者关系检验结果，同时将微观治理变量终极所有权结构和宏观制度变量投资者法律保护引入现金股利政策研究，深入探讨宏微观两个层面的变量共同对现金股利政策发挥了怎样的效应。通过以上的实证分析，同时也对我国资本市场上的中小投资者利益是否得到保护从现金股利政策和公司治理层面进行了检验，提供了新的证据。

近年来中小投资者利益保护是否在现金股利政策的实施上有所体现越来越引起了资本市场的关注，进而激发了法律和金融领域学者的研究热情，因此提出了一系列分析理论和研究方法，其中占据主导地位的仍旧是 LLSV（2000）模型。La Porta 等建立的结果模型和替代模型最大的创新点是解决了投资者法律保护量化问题，从而得以将不同的法律制度背景引入现金股利政策的研究开展横向比较分析。他们关于发达资本市场的数据检验支持了现金股利政策的结果模型。Faccio（2001）基于欧洲和东亚法律保护环境水平的差异展开的比较研究同样发现，处于法律保护较高资本市场环境下的欧洲企业的股利支付率高于处于法律保护较低资本市场环境下的东亚企业的水平，尤其在存在多个大股东时,大股东制衡机制发挥作用,相较于东亚企业而言,较高的股利支付率代表了法律保护效应在欧洲企业发挥了更强的作用。此后的一系列研究如:Faccio(2002)等都提供了进一步的证据。但这些研究主要是针对发达国家展开的,东亚国家的研究主要集中于中国香港、日本、新加坡等国家或地区,没有关于中国资本市场的有关研究。值得注意的是,这些研究主要是横向研究,是不同法律背景下的比较研究,缺乏在单一法律制度背景下,不同时期的纵向研究,尤其是我国这样一个处于经济改革不断演进进程中的特殊资本市场环境,为纵向研究提供了更多的空间。正是以上研究现实和研究成果为国内学者开展现金股利政策的法律保护效应检验研究提供了思路和方法。袁振兴和杨淑娥(2006)应用LLSV(2000)的思路,根据我国资本市场发展实际开展了横纵两个方面的比较研究。他们的纵向检验证实了我国法律保护水平和现金股利的关系存在显著的阶段性特征,并进一步证实法律保护替代效应在法律保护较弱阶段出现,相应的法律保护结果效应在法律保护较好阶段出现。结合横向研究对现金股利法律保护结果模型的支持,最终,他们判定在他们的研究区间内现金股利政策更多地体现了法律保护的结果。此后,国内关于投资者法律保护与现金股利政策关系的研究不断涌现,主要思路仍旧沿袭了LLSV(2000)模型,但真正对投资者法律保护进行量化、进行检验的不多。其中刘志强、余明贵(2009)对投资者法律保护进行了量化相关研究,但其研究对象限于制造业。而程敏(2009)的研究则以海外上市作为替代变量间接验证了投资者法律保护与现金股利政策的关系,同样证实了结果模型。国内陆续深入的研究都提供了更多对结果模型予以支持的证据,但是都缺乏对终极所有权结构这一微观治理变量的控制。而近年来,越来越多的证据和实践均表明我国上市公司存在终极控制人,他们的控制权与现金流权发生了分离,这种分离使得他们拥有更高的控制权从而可以影响重大决策,如现金股利政策。这些来自终极所有权结构这一全新研究视角的现金股利政策研究所形成的现金股利政策是终极控制人利益侵占手段(朱滔、王德友,2007;雷光勇、刘慧龙,2007;王化成、李春玲、卢闯,2007)的结论与来自投资者法律保护宏观层面的研究结论出现了矛盾。这也意味着,终极所有权结构与现金股利政策的关系与投资者法律保护之间可能存在深入研究的空间,如果考虑了投资者法律保护这一宏观制度因素的作用,终极所有权结构对现金股利政策的影响是否会发生变化呢?根据已有研究的现实情况和发现的新问题,本章以下各部分安排如下:第二部分讨论目前常用的关于投资者法律保护量化的方法,进而确定本章所采用的量化方法;第三部分实证检验投资者法律保护对现金股利政策的影响。在此基础上,第四部分在控制了投资者法律保护后,进一步实证检验终极所有权结构与现金股利政策的关系,也进而对投资者法律保护的政策效应进行检验。第五部分是本章小结。

第二节 现有投资者法律保护指标量化方法简述

西方研究较多地采用了LLSV(2000)的量化方法,而国内学者主要选择两种方法:一是采用沈艺峰(2004)的方法进行进一步的拓展;二是采用樊纲等编制的市场化指数中的关于法律保护的指数或结合其他一些指数进行综合量化。

一 LLSV模型投资者法律保护量化方法及其拓展

在LLSV(2000)模型中提出,股东利益的保护程度取决于法律对股东享有的各项权利的规定以及这些权利的执行情况。而这些权利可以通过LLSV(1998)建立的一套指标体系进行体现。这一指标体系包括两类指标——股东权利指数和执法质量指数。其中,股东权利指数主要涵盖八项内容:①一股一权,即一国公司法或商法中如果强制要求一股对应一个投票权,则该指标取值为1,否则为0;②邮寄投票权,即如果一国允许股东邮寄其投票给公司,则该指标取值为1,否则为0;③股票无阻碍卖出权,即如果法律禁止在召开股东大会时公司要求将股票缴存的行为,则该指标取值为1,否则为0(栾天虹、史晋川,2003);④累计投票权或比例投票权,即在选举董事候选人时，如果法律允许股东采用累计投票权或者少数股东可以提名等比例董事进入董事会，则该指标取值为1，否则为0；⑤受压少数股东保护机制，即法律如果赋予少数股东向董事会或股东大会决定挑战的权利，则该指标取值为1，否则为0。如：如果有衍生诉讼权，则取值为1；⑥优先认股权，即如果一国法律赋予股东拥有优先购买新发行股份的权力，这一权力只能经由股东投票加以限制的，则该指标取值为1，否则为0；⑦提议召开临时股东大会的权利，即如果提议召开临时股东大会，则最低股份比例小于等于10%的，则该指标取值为1，否则为0（栾天虹、史晋川，2003）；⑧防董事权力指数，该指数用于衡量少数股东可以对抗管理层和控股股东权利的能力，计算方法是将第二项权利到第七项权利指标值相加，数值从0到6变化。

执法质量指数则主要由四项内容衡量：①司法体系的效率。LLSV（2000）模型引用国际商业公司这一私人风险评估机构开展的关于各国影响商业的法律环境的效率和整体性的评估报告数据对这一指标进行衡量（栾天虹、史晋川，2003）。这一数值与司法体系效率成正比。②法律规则。这一指标引用"各国风险指南"评估数据。根据该指南对各国法律和秩序传统所作的评估，数值水平与法律和秩序水平成正比，数值较小，表明法律和秩序较差。③腐败水平。这一指标同样引用"各国风险指南"评估数据。分值与各国政府腐败状况成反比，分值越高腐败程度越低。④会计标准。这一指标主要考察一国公司年度报告是否全面披露公司信息，有无包括或漏掉公司一般信息、收入陈述、资产平衡等事项。

在LLSV（2000）这一指标体系基础上，后来的学者或沿用同样的方法进行投资者法律保护的量化，或对有关指标进行拓展开展投资者法律保护的量化。如Pisto（2000）在研究转轨经济国家的投资者法律保护状况时对这一指标进行了拓展，在LLSV（2000）的基础上，另外增加了五项指标，分别是：Voice、Exit、Antimanage、Antiblock、Smintecr。Voice代表股东的呼吁权，涵盖聘用和解雇管理者、股东诉讼等权利；Exit代表便利股东退出公司的相关法律规则；Antimanage和Antiblock代表在解决股东与管理者或者控股股东与小股东冲突时，法律对各方保护的相对权重；最后一个 Smintecr 是股票市场一体化指标，测度市场流动性水平。之所以引用这一指标主要是考虑到市场流动性的增强有利于股东无成本地退出，这种无成本退出的权利等同于法律给予股东权利的保护（栾天虹、史晋川，2003）。尽管有关于投资者法律保护量化指标体系的进一步的拓展，但总体而言，西方采用的主要方法仍旧以 LLSV（1998）的指标体系为主。

二　国内主要投资者法律保护量化方法

（一）沈艺峰、许年行、杨熠的方法

沈艺峰、许年行、杨熠（2004）借鉴 LLSV（2000）的思路，根据我国法律保护发展的实际情况，构建了一个新的指标体系和分值计算方法，用于对我国的投资者法律保护效果进行检验。他们构建的指标体系成为此后开展法律保护相关研究学者借鉴的主要计量方法基础。

这一方法的主要内容包括指标体系和赋值原则两部分。根据 LLSV（1998）框架，保持两大类指标体系不变的前提下，他们将具体内容扩充至 16 项，形成了一个新的指标体系。第一类是股东权利类指标。根据 LLSV（1998）提出的六项权利结合我国法律相关规定的实际，具体包括一股一票、累积投票权、通信表决权、代理表决权、临时股东会召集权和股东起诉权以及重大事项（如分立、合并和解散等）的表决方式六项内容。第二类是其他制度和政策指标。具体包括信息披露制度、会计和审计制度、送配股政策、大股东和董事的诚信义务和忠实义务以及外部独立董事等九项内容。其中信息披露制度涵盖初次发行信息披露、公司定期报告和临时报告三项内容。其次，他们根据法律效力不同设定赋值原则，针对每一项条款则参考 LLSV（1998）的方法进行加减分处理。十六项法律保护指标具体赋值原则如表 6-1 所示。

而针对每一项条款，如果规定了有利于投资者保护内容的，则加分。例如：如果规定股东享有通信表决权则加分，其他内容相同；相反，如果有与加分各条款相反的规定，则减分。

表 6-1　　　　　　　十六项法律保护指标具体赋值原则

法律效力	条款规定时间及具体变化		分值大小
法律	某项条款首次规定		2
	某项条款已有规定，后出台的条款对其再次做了规定	新规定与旧规定相同	1
		新规定在相同的条款上有更强、更具体的规定	1
行政法规或部委规章	某项条款首次规定		1
	某项条款已有规定，后出台的条款对其再次做了规定	新规定与旧规定相同	0
		新规定在相同的条款上有更强、更具体的规定	0.5

资料来源：沈艺峰、许年行、杨熠：《我国中小投资者法律保护历史实践的实证检验》，《经济研究》2004 年第 9 期。

根据以上指标体系和赋值原则，他们以中国证监会发行的《投资者维权教育手册》中列出的"维护证券投资者权益的主要法律、法规、规章和其他规范性文件目录索引"及其他有关的法律法规文本为依据，进行了投资者法律保护的量化。

（二）其他量化方法

在沈艺峰、许年行、杨熠（2004）方法之后，陆续有学者对其进行拓展，尝试了其他几种方法。其中较常用的有以下几种。第一，夏立军、方轶强（2005）选取樊纲、王晓鲁（2003）编制的市场化指数中的市场中介组织和法律制度环境指数对法律保护量化。而此后张继袖、周晓苏（2007）就采用了同样的方法，以樊纲、王晓鲁（2006）编制的法治指数对投资者法律保护进行量化。第二，刘志强、余明桂（2009）则采用沈艺峰、许年行、杨熠（2004）做出的结果结合樊纲等编制的市场化指数中的法制指数进行量化。

除以上方法外，也有采用其他代理变量间接进行量化的方法，如：邹晖（2008）采用了以控制权私有收益度量投资者法律保护，而程敏（2009）则以是否海外上市代表投资者法律保护程度高低进行研究。由于这些方法并不是直接对投资者法律保护进行量化，因此，相对于直接量化方法而言不具有优势。

三 已有方法的评述

考察国内外不同投资者法律保护量化方法可以看出：LLSV（1998）占据主导地位，它为以后的研究，尤其是西方的研究提供了主要的思路。国内研究的起步也是在它的基础上展开的，沈艺峰、许年行、杨熠（2004）量化方法的产生是 LLSV（1998）模型在新兴资本市场上的发展和应用，考虑了我国法律保护实践特点，也为国内投资者法律保护研究的深入提供了数据方法支撑。此后诸多学者对其的直接应用和拓展也足以体现其价值。然而，当我们仔细考察应用这一方法开展研究所选取的样本时发现：研究样本基本在 2004 年之前（含 2004 年），主要原因在于，其计算的结果截至 2003 年，此后的研究较多地延伸至 2004 年，2005 年以后的样本基本不多见。这意味着数据的可得性在下降，该方法的可行性降低。此外，应用这一方法的学者也指出，这一方法最大的缺陷在于没有考虑法律执行的情况。投资者法律保护水平的高低虽然取决于是否享有权利，然而更为重要的是是否可以执行。如果只有法律规定，却没有有效地执行，法律也只能是一纸空文，法律保护也只是徒有其表，而就我国当前法律和资本市场的实践也证实，法律执行效果更为重要，这也使得沈艺峰、许年行、杨熠（2004）的方法具有先天的局限性。而近两年来，较多的学者更倾向于选择樊纲等编著的《中国市场化进程发展报告》中的法制指数对投资者法律保护进行量化。该指数最早由樊纲、王晓鲁采用"主因素分析法"，根据我国不同地区的实际发展情况编制而成。此后，他们对这一指数进行追踪、不断更新，目前已将该指数更新到 2009 年。该指数将法律执行效果与法律发展进程融合，在其指数构成的指标体系中加入了执行效果的分子指标，从而更为全面地体现了法律保护水平，也克服了沈艺峰、许年行、杨熠（2004）方法的局限。值得一提的是，这一指数是按照我国不同地区情况编制的，因而，体现了各地区的发展差异和特点，既符合了我国地域辽阔、差异显著的特点，也为开展地区差异分析提供了空间，拓展了研究的广度。同时，该指数编制的原理和所需数据的可得性保证了预测此后几年数据的可行性。因此，本书在综合考虑各种计量方法优缺点的前提下，最终选定以樊纲、王小鲁、朱恒鹏（2011）编制的中国市场化指数中的法治指数对投资者法律保护水平予以量化。

四 投资者法律保护指标的计算

樊纲、王小鲁、朱恒鹏（2011）编制的2001—2009年九年的法治指数，缺乏本书研究所需2010—2012年三年的数据。本书借鉴陈旭东等（2014）的做法，2010年法治指数等于2009年指数加上前三年指数增加值的平均数，2011年和2012年法治指数以此类推计算得出。具体结果如表6-2所示。

表6-2　　　　　　2003—2012年投资者法律保护指数

年份地区	2003	2004	2005	2006	2007	2008	2009	2010	2011	2012
安徽	2.63	3.15	4.49	5.53	5.99	6.3	7.32	7.92	8.56	9.31
北京	7.63	8.1	7.78	7.87	8.41	14.23	16.27	19.07	22.62	25.42
福建	5.23	5.3	6.41	6.61	6.92	7.21	8.3	8.86	9.51	10.28
甘肃	1.52	2.11	3.34	3.57	3.79	3.99	4.86	5.29	5.79	6.39
广东	8.45	8.86	10.64	11.47	12.59	12.39	13.99	14.83	15.58	16.64
广西	3.2	3.17	3.8	3.7	4.23	4.61	4.88	5.27	5.62	5.96
贵州	1.96	2.16	3.12	3.2	3.76	4.27	4.47	4.89	5.27	5.60
海南	3.64	3.57	3.63	3.74	3.87	3.91	5.25	5.75	6.38	7.20
河北	3.48	3.9	5.11	5.13	5.27	5.55	5.6	5.76	5.92	6.04
河南	3.07	3.38	4.52	4.66	4.99	5.5	6.07	6.54	7.06	7.58
黑龙江	4.44	4.56	5.3	5.15	5.46	5.81	5.96	6.23	6.49	6.71
湖北	3.74	3.81	4.87	5.02	5.79	6.42	7.15	7.86	8.55	9.26
湖南	3.13	3.75	4.29	4.2	4.32	4.7	6.02	6.63	7.40	8.29
吉林	3.83	3.89	4.79	4.84	5.37	5.69	6	6.39	6.73	7.07
江苏	6.18	6.61	8.18	9.07	11.5	13.56	18.72	21.94	25.42	29.37
江西	3.01	3.38	4.32	4.28	4.75	5.12	5.9	6.44	7.00	7.63
辽宁	5.15	5.46	6.35	6.55	7.23	7.47	8.46	9.10	9.72	10.47
内蒙古	3.56	3.96	4.47	4.43	4.5	4.86	5.32	5.62	5.99	6.37
宁夏	2.24	2.83	3.47	3.52	3.8	4.57	4.66	5.04	5.45	5.75
青海	1.49	1.53	1.85	2.06	2.79	3.54	3.51	3.99	4.39	4.68
山东	4.67	5.13	6.14	6.71	7.37	7.42	8.18	8.67	9.10	9.66

续表

年份 地区	2003	2004	2005	2006	2007	2008	2009	2010	2011	2012
山西	3.2	3.61	4.38	4.51	4.78	5.23	5.55	5.90	6.27	6.62
陕西	2.47	2.88	3.96	4.29	4.99	5.63	5.88	6.41	6.88	7.30
上海	12.15	11.06	12.84	13.87	16.61	17.14	19.89	21.90	23.66	25.83
四川	4.03	4.11	5.04	5.24	5.96	6.38	7.39	8.11	8.82	9.64
天津	6.95	7.49	8.51	8.98	9.92	10.67	11.57	12.43	13.27	14.14
西藏	2.25	2.63	3.6	3.78	3.89	4.09	0.18	-1.02	-2.66	-4.91
新疆	4.37	4.48	4.83	4.64	4.56	5.01	4.98	5.09	5.27	5.36
云南	2.41	2.75	3.91	4.15	4.63	4.99	5.44	5.87	6.28	6.71
浙江	8.09	8.39	10.59	11.97	13.89	16.25	19.85	22.48	25.34	28.37
重庆	3.29	3.95	4.89	5.2	5.61	6.11	7.6	8.40	9.33	10.40

资料来源：本表 2003—2009 年数据来源于樊纲、王小鲁、朱恒鹏编制的《中国市场化指数——各地区市场化相对进程 2011 年报告》中的法治指数，2010—2012 年数据为测算结果。

第三节 理论分析与假设

LLSV（2000）对投资者法律保护作用于现金股利政策的机制研究建立了结果和替代两个模型。结果模型把现金股利政策解释为法律保护机制发挥作用迫使控制性股东吐出现金的结果，这有效减少了控制性股东将现金用于奢侈消费和无效投资的可能性和可行性。但是资本市场的法律保护体系有效并赋予中小股东应有的权利且法律制度有效实施是这一机制发挥作用的前提条件。这才可能产生控制性股东在考虑公司成长性前提下做出符合法律保护要求的现金股利支付选择，形成投资者法律保护水平与现金股利支付水平的同向变动且成长性与现金股利支付反向变动的结果。替代模型则认为现金股利代替了法律保护机制，约束了控制性股东的掠夺行为。这种替代作用的发挥建立于公司处于外部法律保护水平较差的假设前提下。此时，如果公司急需融资，必须获得投资者的信任，以自身良好的信誉获得投资者的投资。而外部较弱的法律保护环境使外部投资者难以对他们的信誉做出正确判断，而支付现金股利在投资者获得现金红利的同时也传递了公司自觉保护投资者利益的信号，从而吸引投资者的投资。因此，越高的现金股利支付就意味着更低的法律保护水平，此时的股利支付难以兼顾公司的成长性需求，从而导致了现金股利支付与法律保护负向变化且与公司成长性无关关系的产生。这两个模型是在西方法律制度体系比较完善和资本市场比较成熟的背景下提出的。考察我国资本市场发展，随着市场经济改革的逐步深化，国家更加重视对资本市场的监管和对中小投资者利益的保护，相关法律法规和制度不断出台，尤其是近年来，对中小投资者利益保护进一步加强，法律制度体系处于不断完善和有效的发展进程中，资本市场也由最初的不成熟逐步走向成熟。但不可忽视的是，我国不同于西方发达资本市场的所有制特点和特殊改革发展需要，使得投资者法律保护在我国资本市场上究竟发挥了怎样的作用变得复杂，是结果模型作用或替代模型作用或二者皆不是需要进一步检验。

  第四章理论模型推导明确了投资者法律保护水平对现金股利支付水平的正向激励作用，即在投资者法律保护发挥了应用的约束机制的前提下，上市公司的现金股利决策将走向理性化，理性化的现金股利政策使中小投资者感受到了公司对其自身利益的保护和公司未来发展的理性化，提升了公司信誉，稳定了投资者对公司的持续投资，从而带动公司股价的提升。同时，理性的决策也减少了对公司价值的伤害，真正实现了公司发展能力的提高，带来公司真实价值的提升。这正是结果模型的体现。因此，在投资者法律保护机制发挥作用的前提下，现金股利支付意愿及支付水平会随着法律保护水平的提高而提高，同时，与公司的成长性反向变化。此时，公司的现金股利政策是公司决策者在衡量公司实际发展需要的前提下，出于对中小投资者利益保护的理性动机而做出的理性选择。因此，这一现金股利政策将得到中小投资者的认可，从而提升公司价值。也意味着，如果现金股利政策体现的是结果模型，那么此时的现金股利政策应能提升公司价值。有鉴于此，我们提出假设1和假设2：

假设1：如果投资者法律保护与现金股利支付意愿和支付水平呈现显著正相关关系，且成长性与现金股利支付意愿和支付水平呈现显著负相关关系，则现金股利政策体现结果模型。

假设2：如果假设1成立，则公司价值与现金股利支付意愿和支付水平呈现显著正相关关系。

虽然，近年来我国资本市场的投资者法律保护水平有了显著提升，但是，与发达资本市场比较而言，仍存在法律保护不完善、保护水平较低的实际情况。当投资者法律保护水平较弱时，现金股利政策可能体现替代模型。现金股利政策将与投资者法律保护呈现显著负相关关系，现金股利的派发减少了控制性股东可以控制的资源，降低了公司管理层奢侈消费的可能性，从而降低了公司管理层与股东之间的第一类代理成本，也降低了控制性股东与中小股东之间的第二类代理成本，因此，现金股利政策将会获得中小投资者的认可，实现公司内部治理水平和外部股价两方面的提升，最终实现公司整体价值的提升。因此，如果现金股利政策体现了替代模型，则投资者法律保护与现金股利支付呈现显著负相关，且此时，现金股利政策与公司成长性不存在显著相关关系。公司价值与现金股利政策存在显著正相关。有鉴于此，我们提出假设3和假设4：

假设3：如果投资者法律保护与现金股利支付意愿和支付水平呈现显著负相关关系，且成长性与现金股利支付意愿和支付水平不显著，则现金股利政策体现替代模型。

假设4：如果假设3成立，则公司价值与现金股利支付意愿和支付水平呈现显著正相关关系。

我国幅员辽阔、地域资源分布不平衡的现状使得各地区市场经济发展水平存在巨大差异，投资者法律保护水平也存在显著差异，因此，投资者法律保护与现金股利政策关系在不同地区是否存在差异的研究值得深入探讨。

根据我国大陆各区域地理位置、自然资源和经济发展的长期演变，结合国家统计局和区域经济学（2014）对经济带的划分，我国形成了东部、西部和中部三个主要的经济区域发展带。其中东部包括北京、天津、上海、河北、辽宁、江苏、浙江、福建、山东、广东、广西、海南12个省、市、自治区；中部包括山西、内蒙古、吉林、黑龙江、安徽、江西、河南、湖北、湖南9个省、自治区；西部包括重庆、四川、贵州、云南、西藏、陕西、甘肃、青海、宁夏、新疆10个省、市、自治区。借鉴这一划分，不同地区间的横向区域差异比较将在东部、西部和中部之间展开，这与已有横向比较研究从大陆上市和香港上市进行比较的做法完全不同，且目前开展东部、西部和中部之间投资者法律保护与现金股利政策横向比较研究的也不多见。

从东、西、中部省份的分布看，东部多为经济发展水平高的省份，西部多为经济发展水平较低的省份，中部地区则为介于发达与不发达之间的省份。而从前述投资者法律保护水平计算结果可以明显看出，东部地区投资者法律保护水平显著高于中部和西部地区，西部地区的法律保护水平与东部和中部差距较大。中部地区则处于中等水平。前述分析已经提到，投资者法律保护水平高时，较多地体现结果模型；投资者法律保护弱时，则较多地体现替代模型。既然东部、西部和中部投资者法律保护水平存在显著差异，那么投资者法律保护与现金股利政策的关系也应该存在显著的差异。因此，我们提出假设5。

假设5：地区之间，投资者法律保护与现金股利支付意愿和支付水平存在显著差异。

以上我们仅分析了投资者法律保护这一宏观制度因素对现金股利政策的影响，没有考虑到公司终极控制人存在的治理因素。第五章已经证实，现金股利政策是终极控制人掩饰其他利益侵占行为的面具。现金股利政策之所以成为掩饰其他利益侵占行为的面具，重要的一个前提是外部法律保护机制对其决策产生了影响。因此，有必要将宏观制度因素与微观治理变量结合在一起共同考察对现金股利政策的影响。

如果投资者法律保护发挥了治理效应，约束了终极控制人的行为，那么，如果将投资者法律保护引入终极所有权结构和现金股利政策关系的分析中，投资者法律保护应当弱化终极控制人对现金股利政策的影响程度，降低终极所有权关键变量与现金股利支付意愿和支付水平之间的显著性和影响度，且投资者法律保护与现金股利支付意愿和支付水平存在显著正相关关系。如果投资者法律保护没有发挥应有的约束作用，未能对终极控制人的决策行为产生正面影响，则将投资者法律保护引入终极所有权结构和现金股利政策关系的分析后不会改变终极所有权结构关键变量与现金股利支付意愿和支付水平的关系和显著度。投资者法律保护与现金股利支付意愿和支付水平之间不存在显著相关关系。因此，我们提出假设6和假设7：

假设6：如果投资者法律保护发挥了治理效应，现金流权、控制权、分离度和国有属性对现金股利支付意愿的影响度和显著性将变小，与现金股利支付水平的系数值将变小。同时，投资者法律保护与现金股利支付意愿和支付水平显著正相关。

假设7：如果投资者法律保护没有发挥治理效应，则现金流权、控制权、分离度和国有属性与现金股利支付意愿和支付水平的关系和显著性没有显著变化。同时，投资者法律保护与现金股利支付意愿和支付水平不存在显著正相关关系。

鉴于地区之间存在显著差异性，前述假设5检验了投资者法律保护与现金股利政策之间的横向区域差异，因此，考虑宏微观共同治理因素的影响时，我们认为，在不同的投资者法律保护水平下，终极控制人分布情况也不相同，对现金股利政策的影响机制也不相同，提出假设8。

假设8：地区之间，投资者法律保护、终极所有权结构与现金股利支付意愿和支付水平存在显著差异。

第四节 样本选取与研究设计

一 样本选取

由于本章主要是要验证投资者法律保护这一宏观制度因素对终极所有权结构与现金股利政策关系的影响，因而数据的选取必须考虑终极所有权结构数据的可得性。自 2003 年始，国泰君安数据库开始提供较为规范的终极所有结构相关数据，因此，本章实证研究的样本期间选取 2003—2012 年。根据国泰君安数据库提供的现金分红数据，选取沪深两市 A 股上市公司为初始样本，按以下原则进行处理：①剔除金融类公司。因为金融类公司的资本结构、会计处理具有特殊性，同时相关法律监管也具有特殊性，和其他企业的可比性较低。②剔除 ST、PT 公司。因为这些公司连续亏损，现金股利政策属于非正常情况，为避免市场盲目炒作 ST、PT 股票，从而影响本研究，所有在 2003—2012 年曾经或已经 ST、PT 股票均予以剔除。③剔除缺乏相应年份财务与有关公司治理数据的公司（杨颖，2009）。经过处理，共得到研究样本 9064 个。

本部分所需现金分红、公司治理及相关财务数据均来源于国泰君安数据库（CSMAR）。投资者法律保护数据计算所需用到的数据来源于《中国市场化指数——各地区市场化相对进程 2011 年报告》。部分地区数据来源于金融界网站（http：//www.jrj.com.cn/）。

二 变量设计

被解释变量：

派现意愿 DIV – ID：派现时取值为 1，不派现时取值为 0。

派现水平 CDPAYOUT：分别以每股股利 CDPS 和现金股利支付率 CDPR 计量。现金股利支付率以每股现金股利/每股收益计算指标值。

公司价值 VALUE：以托宾 Q 值计量，用市场价值/期末总资产计算指标值，其中市场价值等于股权市值 + 净债务市值，非流通股权市值以净资产代替。

解释变量：

投资者法律保护程度 LAW。前文已详述，这里直接引用计算结果。

终极所有权结构变量，包括现金流权 CFR、控制权 CR、分离度 SR 和是否国有 OWNERSHIP 四个代理变量，具体计算方法在第五章已详述，在此不再赘述。

控制变量：

主要考虑影响现金股利政策的关键公司治理及财务等变量。根据魏刚（2000）、俞乔、程滢（2001）、吕长江、王克敏（2002）、原红旗（2004）等对我国上市公司股利政策及其市场反应的研究，相关的影响因素主要有盈利水平、成长性、公司规模、负债程度等，这里尽可能控制这些微观因素，选择以净利润为基础计算的净资产报酬率（ROE）反映盈利水平、总资产的自然对数反映公司规模（SIZE）、总负债与总资产之比 DEBT 反映负债程度，以市净率 MNR① 衡量公司的行业成长性，以每股股权自由现金流 FCFF 反映公司可自由支配的现金（杨颖，2010）。

三　模型设计

根据前述假设我们建立以下四个模型分别进行检验。

模型 1：logit（DIV – ID） = $\beta_0 + \beta_1 LAW + \beta_2 Control\ variables + \varepsilon$

模型 2：CDPAYOUT = $\beta_0 + \beta_1 LAW + \beta_2 Control\ variables + \varepsilon$

模型 3：VALUE = $\beta_0 + \beta_1 DIV – ID + \beta_2 Control\ variables + \varepsilon$

模型 4：VALUE = $\beta_0 + \beta_1 CDPAYOUT + \beta_2 Control\ variables + \varepsilon$

模型 1 用于检验现金股利支付意愿和投资者法律保护以及终极所有权结构关键变量的关系。模型 2 用于检验现金股利支付水平和投资者法律保护以及终极所有权结构关键变量的关系。模型 3 用于检验现金股利支付意愿对公司价值的影响。模型 4 用于检验现金股利支付水平对公司价值的影响。

第五节　实证结果与分析

一　投资者法律保护与现金股利政策：法律保护的结果或法律保护的替代

（一）全样本主要变量描述性统计及回归分析

从表 6-4 派现、不派现子样本主要变量均值比较可以看出，派

---

① 宋剑峰（2000）借助于 Edwards – Bell – Ohlson 模型显示：市净率是一个能较好预示公司未来成长性的指标。其研究结论得到了中国股市经验数据的支持。

现样本的投资者法律保护平均水平高于不派现样本。初步说明，派现意愿与投资者法律保护之间表现出正相关关系。

表6-3　　　　　　　　全样本主要变量描述性统计

变量	样本数	最小值	最大值	中位数	众数	均值	标准差
LAW	9064	-4.91	29.37	7.49	15.58	9.42	5.82
DIV-ID	9064	0	1	0.1	0.1	0.57	0.50
CDPS	5166	0.004	4.00	0.1	0.1	0.16	0.17
CDPR	5166	-4.88	11.63	0.36	0.5	0.44	0.5
CFR	9064	0.23	86.71	31.53	30	33.91	18.01
CR	9064	1.49	89.57	38.80	50	39.76	16.13
SR	9064	0	53.42	0	0	5.85	8.31
STATE	9064	0	1	1	1	0.62	0.49

表6-4　　　　　派现、不派现子样本主要变量均值比较

变量	派现 样本数	派现 均值	不派现 样本数	不派现 均值
LAW	5166	10.22	3898	8.36
CDPS	5166	0.16	3898	
CDPR	5166	0.44	3898	

表6-5显示了全样本回归结果。首先，派现意愿与投资者法律保护关系的逻辑回归方程拟合检验显著，方程拟合具有解释力。考察派现意愿与投资者法律保护关系则表现出在1%水平显著正相关，且此时成长性控制变量也在1%水平与派现意愿显著负相关。除每股股权自由现金流出现异常的显著负相关关系外，其他控制变量则都保持了与理论预期一致的方向且在1%水平显著。初步证实派现意愿与投资者法律保护体现结果模型，公司是否派现决策的做出是在投资者法律保护机制的约束下形成的。

表 6-5　　　　　　　　　全样本回归结果

变量	派现意愿 模型1	派现水平 模型2（每股股利回归）	派现水平 模型3（现金股利支付率回归）
LAW	0.042*** (88.87)	0.006 (0.501)	-0.068*** (-5.05)
MNR	-0.155*** (260.11)	-0.002 (-0.172)	0.015 (1.01)
FCFF	-0.065*** (34.21)	-0.009 (-0.66)	0.025* (1.73)
ROE	9.152*** (744.71)	0.438*** (31.986)	-0.252*** (-16.61)
DEBT	-2.653*** (324.64)	-0.235*** (-17.61)	-0.075*** (-5.09)
Lnasset	0.135*** (43.58)	0.038*** (3.03)	-0.006 (-0.424)
Nagelkerke R Square	0.294		
Chi-square	2239.28***		
Adjust R square		0.24	0.073
Durbin-watson		1.9	1.96
F		273.25***	68.37***
样本数	9064	5166	5166

注：(1) 派现意愿系数值下方括号中的值是各变量系数的 Wald 检验值，派现水平系数值下方括号中的值是各变量系数的 t 检验值。

(2) *代表在10%水平显著，**代表在5%水平显著，***代表在1%水平显著。

(3) 派现水平的系数值为标准化系数。

其次，现金股利支付水平与投资者法律保护回归方程中，方程拟合 F 统计值显著，自相关检验通过，方程拟合具有解释力。考察现金股利支付水平与投资者法律保护关系发现，现金股利支付的绝对值和相对值与投资者法律保护关系不一致。每股股利与投资者法律保护水平的系数虽然为正值，但不显著，不具有统计学意义。此时，控制变量中的成长性和每股股权自由现金流都不具有显著影响力,盈利能力、债务约束和规模变量保持了与理论预期一致的方向和显著性。但现金股利支付率却与投资者法律保护水平在1%水平呈现显著的负相关关系,且此时公司成长性变量不具有显著性。这初步显示出就现金股利支付率水平而言,现金股利政策体现替代模型。但不得不注意的是,此时方程中的其他控制变量中规模变量变得不显著,代表盈利能力的控制变量出现了异常的显著负相关关系,这使得替代模型的解释力下降。

全样本回归初步表明:派现意愿与投资者法律保护关系体现结果模型,上市公司是否派现的决策是法律保护的结果;派现水平与投资者法律保护在相对水平上体现替代模型,但存在异常情况。就绝对水平而言,投资者法律保护未发挥显著影响力。以上结果初步证实了假设1和假设3的一部分。为进一步证实是否派现意愿真的体现结果模型,派现相对水平存在替代作用,我们进一步开展公司价值与现金股利政策关系的分析,以检验假设2和假设4。

表6-6显示了结果模型或替代模型的进一步检验结果。从方程的拟合情况看,派现意愿与公司价值拟合优度达到0.986,且自相关检验通过,方程具有解释力。现金股利支付水平与公司价值的拟合方程也都通过了统计检验,三个方程多重共线性检验也都通过,方程具有解释力。考察模型中变量关系,首先,派现意愿与公司价值虽然系数值为正,但不显著。每股股利与公司价值存在显著负相关关系,现金股利支付率与公司价值回归系数为负,但不显著。这一检验结果证实,派现意愿与投资者法律保护之间的正相关关系并不体现结果模型,现金股利支付水平与投资者法律保护之间的负向相关关系也不体现替代模型,我国的现金股利政策整体而言既不体现结果模型,也不体现替代模型。投资者法律保护的约束机制并没有真正发挥作用,仅从宏观制度视角研究投资者法律保护与现金股利政策的关系并不能真正揭示投资者法律保护的制度效应,有必要结合微观变量共同开展研究。这正是下一部分即将开展的研究,也是假设6和假设7要解决的问题。

表6-6　　　　　公司价值与现金股利政策关系回归结果

变量	派现意愿 模型1	派现水平 模型2（每股股利回归）	派现水平 模型3（现金股利支付率回归）
DIV-ID	0.002 (1.37)		
CDPS		-0.031*** (-3.242)	
CDPR			-0.013 (-1.52)
LAW	0.01*** (8.27)	0.038*** (4.47)	0.037*** (4.33)
MNR	0.031*** (25.1)	0.771*** (81.5)	0.771*** (81.45)
FCFF	0.013*** (10.14)	-0.004 (-0.477)	-0.004 (-0.41)
ROE	0.002 (1.27)	-0.001 (-0.117)	-0.018* (-1.87)
DEBT	0.992*** (764.69)	-0.204*** (-21.48)	-0.198*** (-21.35)
Lnasset	-0.016*** (-12.56)	0.011 (1.21)	0.009 (1.064)
Adjust R square	0.986	0.636	0.635
Durbin-watson	1.904	1.85	1.85
F	92606.54***	1289.19***	1285.977***
样本数	9064	5166	5166

注：(1) 系数值下方括号中的值是各变量系数的t检验值。

(2) *代表在10%水平显著，**代表在5%水平显著，***代表在1%水平显著。

(3) 系数值为标准化系数。

（二）横向区域差异检验分析

考察各地区主要变量均值变化可以看出，东部地区的投资者法律保护平均水平达到 12.02，不仅远高于中部和西部地区的投资者法律保护水平，也高于全样本的平均水平 9.42，显然，经济发达地区的法律保护水平也比较高。中部地区投资者法律保护平均水平处于中间位置，西部最低。考察派现意愿发现，东部地区的派现意愿平均水平为 0.62，不仅是三个地区中最高的且高于全样本平均水平。中部次之，西部派现意愿水平最低；但现金股利支付水平则不同。无论股利支付的绝对值水平或相对值水平都是西部地区的平均水平最高，东部水平次之，中部地区最差。西部地区现金股利支付绝对水平和相对水平都高于样本总体平均水平，东部地区与全样本基本持平，中部地区低于全样本平均水平。由此可以看出，因各地区投资者法律保护水平存在差异，导致各地的现金股利支付意愿和支付水平也存在差异。派现意愿表现出投资者法律保护越强的地区，派现意愿越高的关系；但现金股利支付水平却表现出相反关系，投资者法律保护越强的地区，现金股利支付越少，投资者法律保护与现金股利支付呈现负相关关系。

根据均值比较初步显示的结果，我们运用方差分析的方法对东部、中部、西部地区主要变量均值是否存在差异进行检验。在关于方差齐性的检验中我们发现所有变量均在 1% 水平显著，说明方差齐性条件不满足，于是采用了 Brown – Forsythe 方法进行均值检验。检验结果如表 6 – 7 所示：投资者法律保护水平在三个地区表现出显著的差异性，证实东部、中部和西部地区确实存在投资者法律保护程度不同的差异；是否派现在 1% 水平显著存在差异。每股股利检验结果显示均值不存在显著差异，但现金股利支付率在 1% 水平表现出显著差异。方差检验的结果初步说明：各地区投资者法律保护的差异性，使得现金股利支付意愿和支付水平呈现区域差异，初步验证了假设 5。因此，我们可以初步推测，就横向而言，投资者法律保护与现金股利支付意愿和支付水平存在区域性差异，但支付意愿和支付水平与投资者法律保护的关系不一致。以下就采用回归分析分别对东部、中部和西部地区进行检验。

表 6 - 7　　　　　　各地区主要变量均值方差分析

变量	均值			方差分析结果
	东部（5692）	中部（1967）	西部（1405）	
LAW	12.02	5.21	4.77	Levene Statistic：1597.89 *** Brown - Forsythe：6101.51 ***
DIV - ID	0.62	0.51	0.47	Levene Statistic：84.05 *** Brown - Forsythe：66.75 ***
CDPS	0.164	0.154	0.168	Levene Statistic：7.78 *** Brown - Forsythe：1.279
CDPR	0.448	0.4078	0.4852	Levene Statistic：8.93 *** Brown - Forsythe：4.22 **

注：***代表在1%水平显著，**代表在5%水平显著，*代表在10%水平显著。

分地区派现意愿与投资者法律保护关系回归结果如表 6 - 8 所示，就方程拟合情况而言，都通过了统计检验，方程具有解释力。考察各地区派现意愿与投资者法律保护关系的变化可以看出，东部和西部地区都出现了派现意愿与投资者法律保护显著正相关，且成长性显著负相关的关系，与全样本回归结果基本一致。只有中部地区投资者法律保护对派现意愿没有产生显著影响。其他控制变量的变化情况基本相近，与理论预期基本一致。只有股权自由现金流控制变量出现了异常的负相关关系，且在东部地区非常显著。这意味着东部和西部地区的派现意愿体现结果模型，中部不体现，存在地区差异性。

表 6 - 8　　　分地区派现意愿与投资者法律保护关系回归结果

变量	东部	中部	西部
LAW	0.032 *** (34.67)	0.049 (1.58)	0.133 *** (13.67)
MNR	- 0.122 *** (101.27)	- 0.242 *** (123)	- 0.225 *** (77.02)

续表

变量	东部	中部	西部
FCFF	-0.081*** (37.47)	-0.041 (2.33)	-0.026 (1.06)
ROE	7.34*** (345.58)	13.94*** (243.12)	11.35*** (154.14)
DEBT	-3.02*** (266.3)	-2.08*** (38.78)	-2.18*** (35.61)
Lnasset	0.108*** (18.32)	0.119*** (6.78)	0.267*** (23.67)
Nagelkerke R Square	0.247	0.366	0.352
Chi-square	1144.74***	630.58***	429.93***
样本数	5692	1967	1405

注：(1) 系数值下方括号中的值是各变量系数的 Wald 检验值。
(2) *代表在10%水平显著，**代表在5%水平显著，***代表在1%水平显著。

对各地区投资者法律保护与现金股利支付水平回归结果如表6-9所示。就方程拟合情况而言，三个回归方程的拟合检验都通过，每股股利的拟合情况更理想一点。考察各地区投资者法律保护与现金股利支付水平关系的变化，可以发现：投资者法律保护都没有对每股股利产生显著影响，但对现金股利支付率的影响不相同。东部和中部地区都出现了投资者法律保护与现金股利支付率的显著负相关关系，且成长性控制变量都与现金股利支付率呈现不显著关系，表现出替代模型，但其他控制变量却出现大量异常现象。盈利能力均与现金股利支付出现异常的显著负相关，规模变量也失去了显著性。这些异常情况的出现都弱化了替代效应。而西部地区现金股利支付异常现象就更多了，投资者法律保护对每股股利和现金股利支付率都没有产生积极效应，控制变量的显著性变化很大。

派现意愿和派现水平两方面的检验结果都证实，不同区域之间在投资者法律保护水平上存在显著差异，投资者法律保护与现金股利政策的关系也不尽相同。方差分析和回归分析都表明我国投资者法律保护与现金股利政策关系存在显著的区域差异性，假设5得到检验。

表6-9　各地区投资者法律保护与现金股利支付水平回归结果

变量	东部 CDPS回归	东部 CDPR回归	中部 CDPS回归	中部 CDPR回归	西部 CDPS回归	西部 CDPR回归
LAW	0.01 (0.692)	-0.093*** (-5.69)	0.006 (0.217)	-0.162*** (-5.31)	-0.001 (-0.03)	-0.033 (-0.87)
MNR	-0.025 (-1.53)	0.01 (0.555)	-0.02 (-0.62)	0.023 (0.667)	0.048 (1.24)	0.026 (0.6)
FCFF	-0.036** (-2.22)	0.016 (0.921)	0.034 (1.17)	0.052* (1.67)	0.029 (0.85)	0.032 (0.82)
ROE	0.438*** (26.71)	-0.26*** (-14.18)	0.436*** (13.62)	-0.274*** (-7.96)	0.474*** (12.22)	-0.24*** (-5.3)
DEBT	-0.262*** (15.91)	-0.081*** (-4.44)	-0.25*** (-8.3)	-0.1*** (-3.14)	-0.16*** (-4.63)	-0.043 (-1.08)
Lnasset	0.036** (2.35)	-0.013 (-0.77)	0.031 (1.08)	0.017 (0.54)	0.04 (1.14)	0.012 (0.31)
调整R^2	0.242	0.082	0.238	0.117	0.272	0.045
F	186.94***	52.76***	53.38***	23.21***	41.79***	6.11***
Durbin-watson	1.95	1.94	2.04	2.02	1.74	2.02
样本数	3501	3501	1010	1010	655	655

注：(1) 系数值下方括号中的值是各变量系数的t检验值。
(2) *代表在10%水平显著，**代表在5%水平显著，***代表在1%水平显著。
(3) 系数值为标准化系数。

二　投资者法律保护、终极所有权结构和现金股利政策实证分析

（一）全样本描述性统计及回归分析

从派现、不派现子样本主要变量的描述性统计中可以看出，派现

子样本投资者法律保护平均水平高于不派现子样本,现金流权和控制权平均水平也都高于不派现子样本平均水平,不派现子样本的国有属性平均水平略高于派现子样本,但差异不显著。两权分离度在派现和不派现样本间不存在显著的差异性。不派现样本的分离度略高于派现样本。

将投资者法律保护引入终极所有结构与现金股利政策关系的回归分析后,我们发现终极所有权结构关键变量与现金股利支付意愿和支付水平的关系发生了不同的变化。

首先,考察派现意愿的回归结果可以看出:在方程拟合统计量均通过检验、方程拟合有意义的情况下,派现意愿与投资者法律保护水平在分别控制了现金流权、控制权、分离度和国有属性后,较为稳定地出现了显著正相关关系,反映变量对方程重要程度的 Wald 值都比未引入终极所有权结构关键变量时的水平高,这说明,引入终极所有权结构变量后,投资者法律保护的作用被加强了。另外,考察投资者法律保护对终极所有权结构与现金股利支付意愿关系的影响发现,引入投资者法律保护后,现金流权、控制权、分离度和国有属性与现金股利支付意愿的关系和显著性都没有发生变化,但是它们的 Wald 值都比未引入投资者法律保护时的值有所提高。这一结果既不支持假设6,也不支持假设7。投资者法律保护与派现意愿的显著正相关关系说明,随着投资者法律保护的加强,在控制了终极所有权结构微观治理变量后,派现的意愿会不断提高。但终极控制人对派现意愿显著高于投资者法律保护的 Wald 值水平,说明终极控制人对现金股利支付意愿影响力大于投资者法律保护的影响力,终极控制人是现金股利支付意愿的决定者。第五章微观分析已经证实,现金股利政策是终极控制人掩饰其他利益侵占的面具。那么,派现意愿与投资者法律保护水平之间被提高的正相关关系正是终极控制人利用手中的控制权在派现意愿选择中做出符合法律保护要求决策进而掩饰其他利益侵占的直接体现。也就是说,终极控制人为掩饰其他利益侵占行为,以积极的现金股利支付意愿满足了投资者法律保护的要求,实现了终极控制人的私有利益诉求。因此,终极控制人对现金股利支付意愿控制强度的提高同时带来了投资者法律保护与现金股利支付意愿正相关关系的强化，投资者法律保护并没有体现应有的治理效应，也没有有效抑制终极控制人对现金股利支付意愿的控制。此外，派现意愿四个模型中的控制变量除股权自由现金流变量出现异常的显著负相关关系外，其他控制变量都保持了与理论预期一致的结果且显著。

表6-10　　派现、不派现子样本主要变量描述性统计

变量	派现 样本数	派现 均值	不派现 样本数	不派现 均值
LAW	5166	10.22	3898	8.36
CFR	5166	36.69	3898	30.23
CR	5166	42.52	3898	36.12
SR	5166	5.82	3898	5.89
STATE	5166	0.61	3898	0.62
CDPS	5166	0.16	3898	—
CDPR	5166	0.44	3898	—

表6-11　投资者法律保护、终极所有权结构与派现意愿回归结果

变量	模型1	模型2	模型3	模型4
LAW	0.043*** (92.69)	0.043*** (90.98)	0.042*** (89.04)	0.046*** (102.87)
CFR	0.015*** (112.1)			
CR		0.019*** (139.95)		
CR^2		-0.00017** (3.87)		
SR			-0.001 (0.26)	
State				0.243*** (21.74)

续表

变量	模型1	模型2	模型3	模型4
MNR	-0.15***	-0.148***	-0.155***	-0.153***
	(234.74)	(233.59)	(259.59)	(251.96)
FCFF	-0.066***	-0.066***	-0.065***	-0.066***
	(35.1)	(34.54)	(34.21)	(35.22)
ROE	8.84***	8.71***	9.16***	9.25***
	(699.5)	(677.98)	(744.69)	(750.67)
DEBT	-2.59***	-2.62***	-2.65***	-2.73***
	(303.48)	(308.65)	(323.67)	(337.8)
Lnasset	0.12***	0.123***	0.134***	0.122***
	(33.78)	(35.71)	(43.25)	(35.34)
Nagelkerke R Square	0.307	0.31	0.294	0.296
Chi-square	2353.57***	2381.22***	2239.54***	2261.08***
样本数	9064	9064	9064	9064

注：(1) 系数值下方括号中的值是各变量系数的 Wald 检验值。

(2) *代表在10%水平显著，**代表在5%水平显著，***代表在1%水平显著。

表6-12 投资者法律保护、终极所有权结构与每股股利回归结果

变量	模型1	模型2	模型3	模型4
LAW	0.009	0.009	0.006	0.011
	(0.708)	(0.745)	(0.491)	(0.832)
CFR	0.089***			
	(7.29)			
CR		0.089***		
		(6.78)		
CR^2		0.037***		
		(2.8)		
SR			0.004	
			(0.344)	

续表

变量	模型1	模型2	模型3	模型4
State				0.018 (1.28)
MNR	0.001 (0.071)	0.002 (0.161)	-0.002 (-0.175)	-0.002 (-0.113)
FCFF	-0.011 (-0.844)	-0.012 (-0.968)	-0.009 (-0.664)	-0.009 (-0.726)
ROE	0.434*** (31.8)	0.428*** (31.29)	0.438*** (31.9)	0.44*** (31.996)
DEBT	-0.226*** (-16.98)	-0.226*** (-17.02)	-0.235*** (-17.59)	-0.237*** (-17.62)
Lnasset	0.029** (2.3)	0.06** 2.04)	0.038*** (3.05)	0.036*** (2.79)
Adjust R Square	0.248	0.251	0.24	0.24
F	244.16***	217.74***	234.19***	234.48***
Durbin-watson	1.92	1.92	1.9	1.9
样本数	5166	5166	5166	5166

注：（1）系数值下方括号中的值是各变量系数的 t 检验值。

（2）*代表在10%水平显著，**代表在5%水平显著，***代表在1%水平显著。

（3）系数值为标准化系数。

表6-13　　投资者法律保护、终极所有权结构与现金股利支付率回归结果

变量	模型1	模型2	模型3	模型4
LAW	-0.067*** (-4.95)	-0.067*** (-4.93)	-0.069*** (-5.06)	-0.057*** (-4.05)
CFR	0.05*** (3.66)			

续表

变量	模型1	模型2	模型3	模型4
CR		0.049*** (3.39)		
CR^2		0.022 (1.52)		
SR			0.003 (0.243)	
State				0.043*** (2.99)
MNR	0.017 (1.136)	0.018 (1.19)	0.015 (1.01)	0.017 (1.51)
FCFF	0.023 (1.64)	0.023 (1.57)	0.025* (1.723)	0.023 (1.57)
ROE	-0.254*** (16.78)	-0.258*** (-16.979)	-0.252*** (-16.59)	-0.248*** (-16.36)
DEBT	-0.07*** (-4.75)	-0.07*** (-4.74)	-0.075*** (-5.09)	-0.081*** (-5.46)
Lnasset	-0.011 (-0.789)	-0.013 (-0.931)	-0.006 (-0.413)	-0.013 (-0.897)
Adjust R Square	0.075	0.076	0.072	0.074
F	60.66***	54.002***	58.597***	59.97***
Durbin-watson	1.95	1.96	1.96	1.96
样本数	5166	5166	5166	5166

注：(1) 系数值下方括号中的值是各变量系数的t检验值。

(2) *代表在10%水平显著，**代表在5%水平显著，***代表在1%水平显著。

(3) 系数值为标准化系数。

其次，考察派现水平的回归结果，现金股利支付绝对值和相对值回归方程的统计检验均通过，方程均具有统计意义。考察回归结果则表现出显著差异。对每股股利的回归结果显示：引入现金流权、控制权、分离度和国有属性的终极所有权结构变量后，投资者法律保护与每股股利不存在显著关系，但是，现金流权与每股股利的正相关关系、控制权与每股股利的"U"形关系依然显著存在，分离度和国有属性与每股股利依旧呈现不显著关系，终极所有权结构关键变量与每股股利的关系并没有因为投资者法律保护的引入而发生变化，此时的每股股利决策依然是终极控制人控制的结果。这种关系在表6-14中每股股利回归在引入投资者法律保护和未引入投资者法律保护两种情况下的检验系数比较上也清晰地表现出来。这证实了：就每股股利而言，投资者法律保护没有改变终极所有权结构与现金股利支付的关系，没有发挥应有的治理效应，支持了假设7。再考察现金股利支付率的回归结果，情况更加特殊。将投资者法律保护引入终极所有权结构与现金股利支付关系的回归后，投资者法律保护与现金股利支付率呈现出显著的负相关关系，现金流权和国有属性与现金股利支付率依然在1%水平存在显著正相关关系，分离度与现金股利支付率依旧不存在显著关系。但是，控制权与现金股利支付率的关系发生变化，由原来的"U"形关系变为显著正相关，这意味着，控制权水平越高，现金股利支付率水平也会越高。以上结果证实，投资者法律保护的引入没有影响现金流权、分离度和国有属性与现金股利支付的关系，虽然改变了终极控制人控制权对现金股利支付水平的影响机制，但没有改变终极控制人对现金股利支付水平的控制。同时，每股股利和现金股利支付率的各回归方程中，除债务控制变量发挥了稳定的债务刚性约束，其他变量的显著性都有大幅度下降，现金股利支付率回归中更出现了现金股利支付率与盈利能力的显著负相关异常情况。这些异常情况的出现，都说明，投资者法律保护没有有效发挥对现金股利支付水平的治理效应，终极控制人对现金股利支付水平的利用并没有得到有效抑制。

表 6-14 是否控制投资者法律保护对终极所有权结构与现金股利政策关系检验系数比较

项目		LAW	CFR	CR	CR²	SR	State
投资者法律保护、终极所有权结构与现金股利政策回归	派现意愿回归	0.043*** (92.69)	0.015*** (112.1)				
		0.043*** (90.98)		0.019*** (139.95)	-0.00017** (3.87)		
		0.042*** (89.04)				-0.001 (0.26)	
		0.046*** (102.87)					0.243*** (21.74)
	每股股利回归	0.009 (0.708)	0.089*** (7.29)				
		0.009 (0.745)		0.089*** (6.78)	0.037*** (2.8)		
		0.006 (0.491)				0.004 (0.344)	
		0.011 (0.832)					0.018 (1.28)
	现金股利支付率回归	-0.067*** (-4.95)	0.05*** (3.66)				
		-0.067*** (-4.93)		0.049*** (3.39)	0.022 (1.52)		
		-0.069*** (-5.06)				0.003 (0.243)	
		-0.057*** (-4.05)					0.043*** (2.99)

续表

项目		LAW	CFR	CR	CR^2	SR	State
终极所有权结构与现金股利政策回归	派现意愿回归		0.014 *** (108.08)				
				0.018 *** (137.64)	−0.00017 ** (3.99)		
						0.001 (0.08)	
							0.134 *** (6.95)
	每股股利回归		0.089 *** (7.27)				
				0.089 *** (6.778)	0.036 ** (2.771)		
						0.004 (0.359)	
							0.014 (1.095)
	现金股利支付率回归		0.051 *** (3.794)				
				0.049 *** (3.385)	0.025 * (1.719)		
						0.001 (0.093)	
							0.059 *** (4.255)

（二）横向比较分析

横向比较分析依然划分为东部、中部和西部三个地区分别进行方差分析和回归分析。

表6-15方差分析结果显示：三个地区主要变量中只有控制权和分离度满足方差齐性的要求，其他变量均存在方差不齐的情况，因此，对其他变量选用 Brown – Forsythe 方法进行均值差异检验。经检验后发现：投资者法律保护均值表现出显著的差异，尤其是东部地区的水平远高于中部和西部，中部位于中间水平，西部水平最低。控制权和分离度平均水平在三个地区不存在显著差异，现金流权和国有属性在三个地区间存在显著差异。东部地区的现金流权和控制权水平都处于最高水平，但分离度介于西部和中部之间，西部地区两权分离的情况最为突出；现金股利支付的绝对值在三个地区不存在显著差异，但相对值却存在显著差异。其中西部地区的每股股利和现金股利支付率水平最高，中部地区的水平最低，东部居中。派现概率在三个地区也存在显著差异性，东部地区平均水平最高，中部地区次之，西部地区最低。由此初步看出，投资者法律保护越低的地区，派现意愿越低，但现金股利支付水平却较高。

表6-15　　　　　各地区主要变量均值方差比较

变量	均值 东部 (5692)	均值 中部 (1967)	均值 西部 (1405)	方差分析结果
LAW	12.02	5.21	4.77	Levene Statistic：1597.89*** Brown – Forsythe：6101.51***
DIV – ID	0.62	0.51	0.47	Levene Statistic：84.05*** Brown – Forsythe：66.75***
CDPS	0.164	0.154	0.168	Levene Statistic：7.78*** Brown – Forsythe：1.279
CDPR	0.448	0.4078	0.4852	Levene Statistic：8.93*** Brown – Forsythe：4.22**
CFR	34.20	34.13	32.43	Levene Statistic：5.93*** Brown – Forsythe：5.72***
CR	40.09	39.76	38.44	Levene Statistic：1.41 F：5.94***（方差齐时的F统计值）
SR	5.89	5.64	6.01	Levene Statistic：0.706 F：0.95（方差齐时的F统计值）
STATE	0.57	0.71	0.68	Levene Statistic：366.81*** Brown – Forsythe：86.46***

表 6-16、表 6-17 和表 6-18 分别显示了分地区投资者法律保护、终极所有权结构与现金股利支付意愿和支付水平的回归结果，不同地区表现出显著的差异。

第一，从派现意愿的回归看，东部和西部地区的投资者法律保护均与派现意愿形成显著的正相关关系，但是中部地区的显著性有所下降。现金流权与派现意愿之间的显著正相关关系在三个地区都稳定存在。控制权与派现意愿的关系则表现出巨大差异。东部地区呈现了倒"U"形关系，但西部地区却呈现了"U"形关系，中部地区控制权与派现意愿则存在显著正相关关系。分离度在西部地区表现出与派现意愿的显著负相关关系，国有属性则在中部和西部地区表现出与派现意愿的显著正相关关系。这说明，投资者法律保护较弱地区，终极控制人的国有属性表现出对派现的偏好，而投资者法律保护较强的地区，国有属性对派现的偏好不显著。总体而言，不同地区之间，终极所有权结构与现金股利支付意愿的关系在控制了投资者法律保护后，表现出极大的不同。影响派现意愿的主要因素依旧是终极控制人拥有的控制权。派现意愿的各模型中各控制变量除自由现金流表现出异常外，其他控制变量的显著性基本稳定，与理论预期吻合。

第二，考察现金股利支付绝对水平的回归，可以发现：三个地区的投资者法律保护对其每股股利均没有产生显著影响，终极控制人是决定每股股利支付水平的关键因素。现金流权与每股股利显著正相关关系在三个地区均稳定存在，但其他终极所有权结构变量在三个地区表现出不同。控制权与每股股利在东部地区呈现"U"形关系，中部和西部地区均呈现与每股股利的显著正相关关系。分离度在西部地区表现出显著负相关，但在东部地区则表现出显著正相关。国有属性只在西部地区与每股股利支付水平呈现显著正相关，与派现意愿的关系保持了一致。各地区终极所有权结构与现金股利支付关系的差异性说明，不同地区，投资者法律保护发挥的作用不同，使各地区的终极控制人决策机制不同，从而在每股股利支付上表现出显著的差异性。

第三，考察现金股利支付相对水平的回归，问题变得更为复杂。考察此时的回归方程，发现拟合水平大幅度下降，大量控制变量已经

表 6-16　分地区投资者法律保护、终极所有权结构与派现意愿回归结果

变量	东部				中部				西部			
LAW	0.033*** (36.13)	0.033*** (34.54)	0.032*** (34.7)	0.033*** (35.79)	0.066* (2.81)	0.068* (2.9)	0.048 (1.55)	0.08** (4.03)	0.16*** (17.28)	0.159*** (17.23)	0.134*** (13.89)	0.16*** (19.02)
CFR	0.014*** (67.09)				0.012*** (15.03)							
CR		0.019*** (95.06)				0.016* (20.4)				0.023*** (31.48)		
CR²		-0.0004*** (15.49)				0.00021 (1.1)				0.001** (4.94)		
SR			-0.0007 (0.036)	0.068 (1.13)			0.007 (1.09)	0.56*** (19.53)			-0.02** (5.13)	0.7*** (24.14)
STATE												
MNR	-0.12*** (89.87)	-0.116*** (91.09)	-0.122*** (101.18)	-0.121*** (99.69)	-0.239*** (117.85)	-0.24*** (116.25)	-0.24*** (123.38)	-0.24*** (118.22)	-0.22*** (72.52)	-0.22*** (74.84)	-0.23*** (76.43)	-0.22*** (74.02)

第六章 投资者法律保护背景下……的实证分析 | 145

续表

变量	东部				中部				西部			
FCFF	-0.08*** (36.67)	-0.079*** (35.66)	-0.08*** (37.43)	-0.081*** (37.51)	-0.047* (2.96)	-0.048* (3.13)	-0.04 (2.25)	-0.047* (3.02)	-0.031 (1.47)	-0.03 (1.36)	-0.028 (1.2)	-0.03 (1.12)
ROE	7.001*** (317.05)	6.87*** (304.98)	7.34*** (345.55)	7.37*** (345.5)	13.75*** (236.1)	13.58*** (229.7)	13.897*** (241.1)	14.1*** (243.4)	10.97*** (143.95)	10.74*** (138.7)	11.47*** (156.06)	11.57*** (154.63)
DEBT	-2.99*** (255.14)	-3.02*** (260.07)	-3.02*** (265.73)	-3.04*** (267.12)	-2.03*** (36.29)	-2.00*** (35.17)	-2.08*** (38.94)	-2.37*** (47.52)	-1.92*** (26.51)	-1.92*** (26.4)	-2.13*** (33.55)	-2.38*** (40.85)
Lnasset	0.095*** (13.85)	0.103*** (15.95)	0.108*** (18.25)	0.104*** (16.56)	0.103*** (4.995)	0.102*** (4.93)	0.122*** (7.07)	0.092*** (3.97)	0.24*** (18.17)	0.24*** (18.28)	0.26*** (22.78)	0.26*** (21.62)
Nagelkerke R Square	0.261	0.267	0.247	0.248	0.373	0.378	0.366	0.375	0.38	0.38	0.356	0.369
Chi-square	1213.1***	1245.3***	1144.8***	1145.9***	645.8***	655.35***	631.68***	650.4***	470.8***	470.8***	435.1***	454.75***
样本数	5692	5692	5692	5692	1967	1967	1967	1967	1405	1405	1405	1405

注：(1) 系数值下方括号中的值是各变量系数的 Wald 检验值。
(2) *代表在10%水平显著，**代表在5%水平显著，***代表在1%水平显著。

表 6-17　分地区投资者法律保护、终极所有权结构与每股股利回归结果

变量	东部				中部				西部			
LAW	0.012 (0.8)	0.011 (0.78)	0.009 (1.61)	0.008 (0.54)	0.016 (0.57)	0.02 (0.56)	0.006 (0.2)	0.013 (0.43)	0.006 (0.18)	0.008 (0.23)	-0.003 (-0.09)	0.017 (1.49)
CFR	0.075*** (5.1)				0.097*** (3.5)				0.13*** (3.67)			
CR		0.082*** (5.15)				0.09*** (3.05)				0.12*** (3.19)		
CR²		0.049*** (3.07)				0.03 (1.05)				-0.004 (-0.12)		
SR			0.03** (2.01)	-0.009 (-0.56)			-0.02 (-0.58)				-0.02** (5.13)	
STATE								0.026 (0.88)				0.09** (2.51)
MNR	-0.021 (-1.3)	-0.017 (-1.06)	-0.025 (-1.54)	-0.026 (-1.56)	-0.02 (-0.62)	-0.02 (-0.72)	-0.02 (-0.59)	-0.02 (-0.62)	0.05 (1.3)	0.05 (1.29)	0.05 (1.25)	0.05 (1.17)

第六章 投资者法律保护背景下……的实证分析 | 147

续表

变量	东部				中部				西部			
FCFF	-0.036** (-2.26)	-0.039** (-2.46)	-0.037** (-2.29)	-0.035** (-2.19)	0.03 (0.95)	0.03 (0.96)	0.03 (1.16)	0.03 (1.1)	0.02 (0.66)	0.03 (0.75)	0.03 (0.75)	0.02 (0.7)
ROE	0.44*** (26.58)	0.43*** (26.03)	0.44*** (26.53)	0.44*** (26.59)	0.43*** (13.5)	0.43*** (13.37)	0.44*** (13.6)	0.44*** (13.65)	0.47*** (12.14)	0.46*** (12.0)	0.486*** (12.29)	0.48*** (12.42)
DEBT	-0.26*** (-15.55)	-0.26*** (-15.64)	-0.27*** (-16.03)	-0.26*** (-15.72)	-0.24*** (-8)	-0.24*** (-8.04)	-0.25*** (-8.26)	-0.25*** (-8.31)	-0.14*** (-3.91)	-0.14*** (-3.94)	-0.16*** (-4.55)	-0.17*** (-4.92)
Lnasset	0.028* (1.82)	0.021 (1.37)	0.037** (2.41)	0.038** (2.42)	0.021 (0.74)	0.022 (0.75)	0.03 (1.04)	0.03 (0.98)	0.03 (0.79)	0.03 (0.88)	0.04 (1.05)	0.03 (0.88)
Adjust R Square	0.247	0.253	0.242	0.242	0.246	0.246	0.237	0.237	0.286	0.283	0.274	0.278
F	165.04***	149.4***	160.95***	160.25***	48.02***	42.26***	45.77***	45.85***	38.43***	33.21***	36.27***	37.01***
Durbin-watson	1.96	1.97	1.95	1.95	2.07	2.06	2.04	2.04	1.76	1.77	1.74	1.74
样本数	3501	3501	3501	3501	1010	1967	1967	1967	655	655	655	655

注：(1) 系数值下方括号中的值是各变量系数的 t 检验值。
(2) *代表在10%水平显著，**代表在5%水平显著，***代表在1%水平显著。
(3) 系数值为标准化系数。

表 6-18　分地区投资者法律保护、终极所有权结构与现金股利支付率回归结果

变量	东部				中部			西部			
LAW	-0.09*** (-5.66)	-0.09*** (-5.7)	-0.09*** (-5.16)	-0.15*** (-4.9)	-0.15*** (-4.8)	-0.16*** (-5.3)	-0.15*** (-4.61)	-0.031 (0.79)	-0.022 (-0.56)	-0.033 (-0.86)	-0.02 (-0.45)
CFR	0.03* (1.92)			0.13*** (4.24)				0.05 (1.33)			
CR					0.14*** (4.26)				0.044 (1.05)		
CR²	0.02 (1.11)				0.01 (0.43)				0.056 (1.34)		
SR		0.006 (0.34)	0.03 (1.61)			-0.005 (-0.15)				0.009 (0.24)	
STATE							0.07** (2.1)				0.08* (1.94)
MNR	0.012 (0.64)	0.012 (0.72)	0.012 (0.55)	0.012 (0.66)	0.02 (0.68)	0.02 (0.57)	0.02 (0.67)	0.02 (0.68)	0.03 (0.62)	0.03 (0.61)	0.03 (0.59)	0.02 (0.54)

续表

变量	东部					中部				西部			
FCFF	0.02 (0.91)	0.02 (0.84)	0.02 (0.91)	0.02 (0.86)	0.04 (1.41)	0.04 (1.41)	0.05* (1.66)	0.05 (1.5)	0.03 (0.74)	0.03 (0.76)	0.03 (0.83)	0.03 (0.7)
ROE	-0.26*** (-14.3)	-0.26*** (-14.37)	-0.26*** (-14.2)	-0.25*** (-14.02)	-0.28*** (-8.2)	-0.29*** (-8.4)	-0.27*** (-7.93)	-0.27*** (-7.8)	-0.24*** (-5.4)	-0.24*** (-5.45)	-0.24*** (-5.3)	-0.23*** (-5.1)
DEBT	-0.08*** (-4.3)	-0.08*** (-4.31)	-0.08*** (-4.5)	-0.08*** (-4.61)	-0.09*** (-2.8)	-0.09*** (-2.82)	-0.1*** (-3.1)	-0.11*** (-3.5)	-0.03 (-0.8)	-0.03 (-0.63)	-0.04 (-1.09)	-0.05 (-1.31)
Lnasset	-0.02 (-0.97)	-0.02 (-1.1)	-0.01 (-0.76)	-0.02 (-1.06)	0.004 (0.14)	0.006 (0.18)	0.02 (0.53)	0.01 (0.32)	0.18 (0.85)	0.006 (0.15)	0.013 (0.323)	0.004 (0.11)
Adjust R Square	0.082	0.083	0.081	0.082	0.131	0.134	0.116	0.12	0.046	0.048	0.043	0.049
F	45.79***	40.47***	45.23***	45.62***	22.8***	20.47***	19.88***	20.62***	5.49***	5.15***	5.23***	5.8***
Durbin-watson	1.94	1.94	1.94	1.94	2.03	2.01	2.02	2.02	2.02	2.01	2.02	2
样本数	3501	3501	3501	3501	1010	1010	1010	1010	655	655	655	655

注：(1) 系数值下方括号中的值是各变量系数的 t 检验值。
(2) * 代表在10%水平显著，** 代表在5%水平显著，*** 代表在1%水平显著。
(3) 系数值为标准化系数。

失去了显著性，尤其是西部地区的现金股利支付率回归中，只有国有属性表现出10%水平的显著正相关关系，其他变量都失去了统计学意义，使得方程拟合的结果解释力不强。投资者法律保护与东部、中部地区的现金股利支付率呈现出显著的负相关关系，而控制变量中除债务刚性约束发挥作用外，盈利能力表现出异常的显著负相关关系，其他控制变量都不再显著。现金流权与现金股利支付率显著正相关关系在东部和中部地区稳定存在，但东部地区的显著性只有10%。分离度在三个地区都没有变现出与现金股利支付率的显著关系，国有属性在东部和中部地区也不具有显著性。只有控制权在东部和中部地区与现金股利支付率存在显著的正相关关系。以上检验结果说明，在现金股利支付率的决策上，终极控制人依旧是主要影响者，他们的决策是根据不同地区的不同投资者法律保护的制约和自身利益需求权衡相机抉择的结果。现金股利支付相对水平存在大量非理性行为。

综合以上横向比较的所有分析，假设8得到验证。回顾以上对投资者法律保护、终极所有权结构和现金股利支付意愿和支付水平关系的分析，我们证实：我国的现金股利政策既不体现结果模型也不体现替代模型，是终极控制人掩饰其他利益侵占行为的面具。现有的投资者法律保护并没有改变终极控制人对现金股利决策控制的现状，投资者法律保护的治理效应没有充分发挥作用。各地区资源禀赋的差异性，使不同地区的投资者法律保护水平差异显著，从而影响了终极控制人的现金股利决策机制，但并没有改变终极控制人对现金股利政策的控制，投资者法律保护在终极控制人现金股利决策中成为被利用的工具。

第六节　本章小结

本章通过研究投资者法律保护与现金股利政策关系以及投资者法律保护对终极所有权结构和现金股利关系的影响两个方面的问题，不仅将宏观制度因素引入现金股利政策研究领域，而且将宏观和微观因素综合在一起考察了对现金股利政策的影响，较为全面地揭示了我国上市公司现金股利政策的实质。在经过相关均值差异比较、方差分析和回归分析后，我们发现，现金股利政策的形成主要取决于最终控制人的终极所有权结构，投资者法律保护总体而言并没有对我国上市公司的现金股利政策发挥应有的治理效应。投资者法律保护对终极所有权结构与现金股利政策的关系以及与现金股利政策之间都存在显著地区差异。投资者法律保护水平在市场化进程加快的过程中不断提高，一定程度上对上市公司的行为造成了影响，推进了上市公司行为的理性化，但是，在现金股利政策上而言，已有出台的政策并没有达到预期的效应，也没有改变最终控制人利用两权分离而形成的较高的控制权剥夺其他中小股东利益的现状，甚至可能起到了反效果。因此，对上市公司行为的规范，绝不是仅从微观层面或宏观层面入手单方面可以解决的，政策的出台、制度的完善应该是一个在全面考察上市公司微观特性和政策实施环境及政策实施效果的反馈中动态调整的系统工程。

　　首先，本章研究结论不仅为现金股利政策的利益侵占理论提供了新的证据，也对宏观政策是否达到预期效应进行了验证，这为今后的政策制定和调整提供了有效依据。其次，对投资者法律保护、终极所有权结构和现金股利政策的大样本检验也填补了已有研究主要集中于家族控制企业的短期研究的空白。最后，横向从地区差异性入手的研究，在国内并不多见，研究结论说明对上市公司的现金股利政策不可一概而论。

第七章 股权分置改革对终极所有权结构和现金股利政策关系影响的实证分析

第一节 引言

在第五章的研究中，我们从微观层面全面考察了终极所有权结构与现金股利政策之间的关系，对理论模型假设进行了检验，揭示了现金股利政策是最终控制人掩饰其他利益侵占行为的面具这一新的现象。此时，我们并没有考虑宏观政策面的影响，也没有控制于2005年实施的股权分置改革这一证券市场的重大举措对终极所有权结构和现金股利政策二者关系的影响。然而，我们知道，正是由于我国资本市场特殊的股权分置的制度背景使得我国上市公司的诸多行为表现出异于西方发达资本市场的特性，而在现金股利政策方面更为突出。由于股权分置，许多最终控制人拥有的是非流通股，因而无法进入资本市场获得资本利得，使得现金股利成为实现其投资收益，并回收本金的最有效途径。加之，现金股利的发放既符合国家相关政策的要求，也体现了对中小投资者的回报，使得现金股利颇受最终控制人青睐。于是，最终控制人根据手中现金流权、控制权的不同配置情况，做出了不同的现金股利政策的选择，出现了第五章所验证的结果。那么，在实施股权分置改革之后，随着对非流通股的解禁，最终控制人拥有的非流通股得以在资本市场进行流通，从根本上解决了"同股不同权、同股不同价"的现象，从而构建了股东之间新的利益平台，削弱了股权分裂对控制性股东与中小股东代理冲突加剧的作用，拓展了控制性股东获取利益的空间。此时，控制性股东不仅可以以现金股利获取收益和回笼资金，也可以通过资本利得的方式实现收益和回笼资金。因而，原有对现金股利的偏好将有所下降。但是，股权分置改革只是解决了由于流通性差异而产生的非流通股与流通股之间的利益冲突，并没有解决上市公司存在最终控制人的问题。这在第三章和第五章的研究中都得到证实。而且股改后，最终控制人的现金流权和控制权仍旧存在分离情况，且分离度不低。这意味着，最终控制人仍旧拥有可以决定公司重大决策的控制权，在与中小股东进行利益博弈时，最终控制人仍旧拥有较高的优势，也必将会产生控制权的"外部性"，即牺牲中小股东利益或公司价值。那么在收益的实现上，仍旧存在利用现金股利或实施其他利益侵占的权衡动机。因此，股权分置改革后，现金股利政策会有怎样的变化，终极所有权结构与现金股利政策的关系又是否会变化，如何变化，值得进一步的研究，而这也正是本章要研究的主要内容。我们希望通过本章的研究，能更为全面地从宏观和微观两个方面揭示终极所有权结构与现金股利政策的关系，也对第五章结论的稳健性提供更为全面的证据。

本章以下部分安排如下：第二部分通过理论分析提出研究假设，第三部分阐述变量设计及样本选取方法和具体的研究方法，第四部分则通过方差分析开展股权分置改革前后终极所有权结构和现金股利政策比较分析，第五部分运用回归分析开展股权分置改革、终极所有权结构和现金股利政策关系的实证检验，第六部分为本章小结。

第二节　理论分析及假设

自 2005 年 4 月开始的股权分置改革，全面改变了我国资本市场上股票流通性分裂的局面，使我国资本市场的结构和功能有了较大的改变，也一定程度上体现了对中小投资者利益的保护，原有国有股和法人股获得了进入资本市场流通的资格，因而获取资本利得成为可能，这拓宽了非流通股利益实现的渠道，也因此使得现金股利不再是其唯一获取现金回报的途径。在这样的背景下,最终控制人所拥有的不流通股也获得了新的实现投资回报的途径,这改变了现金股利决策的成本,此时,最终控制人可以通过派现、实施利益侵占或者直接在资本市场上变现这些途径来实现自身利益最大化,在权衡和博弈中,原有的成本函数已经发生变化,那么,股改后,终极所有权结构与现金股利政策的关系又是否会发生变化成为一个值得探讨的问题。

股权分置情况下,"股利流动性分裂的存在造成了股利分配政策的不公平,使利益分配动机处于失衡状态,非流通股股东与流通股股东有着完全不同的红利分配偏好"(吴晓求,2004),现金股利成为非流通股股东实现投资回报的唯一途径,而其相对于流通股而言较低的持股成本使得现金股利获利率水平在非流通股和流通股之间存在较大差距,非流通股较高的现金股利获利率使其产生对现金股利的极大偏好,因此,国有股表现出了大量派现的偏好,我们也在第五章中证实了这一点。那么,股改后,随着流动性分裂问题得到解决,国有股也可以进入流通,投资收益的获取就不再仅是现金股利方式,资本利得可以替代现金股利而发挥作用,因此,这种偏好在股改后就应该减弱。那么最终控制人性质为国有时,现金股利支付意愿和现金股利支付水平均应该减弱(杨颖,2011)。我们提出假设1。

假设1:股改后,最终控制人性质为国有时,派现意愿和现金股利支付水平应低于股改前。

而从最终控制人角度出发,股权分置改革改变了其进行现金股利决策时不同利益侵占方式的成本函数,却没有根本改变最终控制人的存在,也没有改变最终控制人现金流权与控制权两权分离的事实,因此,股改后,最终控制人做出现金股利决策时,依然要在派现、其他利益侵占方式和直接变现等不同方式之间进行权衡,资本利得对现金股利的替代弱化了直接利用现金股利获取收益的作用(杨颖,2011),所以,股改后,现金股利支付可能会减少。因此,提出假设2。

假设2:股权分置改革与派现意愿和派现水平存在显著负相关关系。

股权分置改革在解决由于流通差异而导致的同股不同权和同股不

同价现象的同时，通过提高流通性，也初步改变了我国资本市场原有"一股独大"的现状，一定程度上降低了终极控制人拥有的控制权和现金流权。如果股权分置改革发挥了政策效应，在降低终极控制人控制权的前提下，也能削弱终极控制人对现金股利政策的影响力，一定程度地引导终极控制人的决策机制趋于理性。因此，终极控制人对现金股利政策影响的显著性将降低。如果股权分置改革没有发挥治理效应，则终极所有权结构与现金股利政策的关系不会发生变化。基于以上分析，我们提出假设3和假设4。

假设3：如果股权分置改革发挥了治理效应，则终极所有权结构关键变量与是否股改相乘后的交叉变量与派现意愿和派现水平显著负相关。

假设4：如果股权分置改革没有发挥治理效应，则终极所有权结构关键变量与是否股改相乘后的交叉变量与派现意愿和派现水平不存在显著相关性。

第三节 研究方法

一 样本选取及筛选原则

由于本章需要检验终极所有权结构和现金股利政策之间的关系在股改前后的变化，因此，必须用到终极所有权结构关键变量数据，第五章数据选取已说明，终极所有权结构变量数据自2003年开始，因此，本章数据选取起点为2003年。本章为进行股改前后的比较分析，对样本进行配对设计。股权分置改革自2005年开始，截至2010年12月31日沪深两市上市公司基本全部完成股权分置改革。为此，首先选取沪深两市截至2010年12月31日已完成股权分置改革的A股上市公司为研究对象，将实施股权分置改革的年度设置为0年，对研究对象进行股改前后相同年度的配对。由于最早实施股权分置改革的年度为2005年，而终极所有权结构变量自2003年始有统计数据，因此，对研究对象选取股改前两年和股改后两年数据进行配对设计，这意味着，数据的时间跨度为 2003—2012 年。为去除其他制度因素对现金股利政策的影响，考虑到自 2001 年 3 月以后，国家先后出台了大量关于现金股利政策的制度规定，我们将样本中 2000 年 1 月 1 日以后上市的公司予以剔除，一方面剔除其他政策变化因素的影响，另一方面也确保了所有研究对象在股改前后都出现，确保了样本配对的可比性。基于以上数据选取原则，依次剔除金融保险类行业、ST 和 PT 公司和缺乏公司财务、公司治理和现金股利相关数据的公司后，共得到 467 家公司的数据。

本章实证分析终极所有权结构、现金股利和公司治理数据均来源于国泰君安（CSMAR）数据库，股权分置改革部分缺失数据来自巨潮咨询网，数据加工及分析由 SPSS 17.0 完成。

二 变量设计及模型

（一）变量设计

本章根据第五章的研究思路，仍旧从是否派发现金股利和现金股利支付两个方面验证终极所有权结构与现金股利政策的关系在股改前后的变化。因此设置三个被解释变量和一系列解释变量。具体设置情况如下：

被解释变量：

（1）是否派现的二分类变量 DIV – ID：如果派现，取值为 1；不派现，则取值为 0。

（2）每股现金股利 CDPS：即上市公司公告的税前每股现金股利。

（3）现金股利支付率 CDPR：以每股股利/每股收益计算获得。

解释变量：

（1）G：是否股改的虚拟变量，如果数据属于股改后，则取值为 1，否则取值为 0。

（2）终极所有权结构变量：包括现金流权 CFR、控制权 CR、分离度 SR 和是否国有 STATE 四个变量。仍采用前述方法计算。

控制变量：

依据已有研究，结合前面各章控制变量设置，在公司微观特性层面上选择了资产负债率（DEBT）作为负债约束代理变量，总资产的自然对数（Lnasset）作为规模的代理变量，市净率（MNR）作为公司成长性的代理变量，净资产收益率（ROE）作为公司盈利能力的代理变量，每股自由现金流（FCFF）作为衡量公司自由现金流水平的代理变量（杨颖，2011）。

（二）模型设定

对是否派现的检验仍旧采用 Logistic 回归，而对现金股利支付的检验则采用多元线性回归，因此，设置以下两个模型分别进行检验。

模型1：Logit（DIV – ID）= $\beta_0 + \beta_1 G + \beta_2 \text{ULTISTRCTURE} + \beta_3 \text{Control variables} + \varepsilon$

模型2：CDPAYOUT = $\beta_0 + \beta_1 G + \beta_2 \text{ULTISTRCTURE} + \beta_3 \text{Control variables} + \varepsilon$

其中，模型1主要用于开展是否派现的相关检验分析；模型2主要用于开展关于现金股利支付的检验分析。

三 研究方法

首先对股权分置改革前后的终极所有权结构和现金股利政策分别开展方差分析，确定股权分置改革前后终极所有权结构和现金股利政策是否存在显著差异。然后利用多元回归分析，引入股权分置改革变量，分别从派现意愿和派现水平两个方面开展终极所有权结构与现金股利政策关系的回归分析，以确定股改是否改变了终极所有权结构与现金股利政策的关系。

第四节 股权分置改革前后终极所有权结构和现金股利政策比较分析

一 股权分置改革前后终极所有权结构比较分析

表7-1对股权分置改革前后的终极所有权结构变量进行的描述性统计分析结果显示：股改后，现金流权和控制权平均水平都发生了显著的变化，现金流权从股改前的平均36.53下降到30.30，控制权从股改前的42.13下降到36.17，下降幅度较大。这说明，股改降低

了终极控制人拥有的现金流权和控制权,尤其是对控制权的影响更为显著。一定程度上体现了对终极控制人控制能力的治理效应。但是考察分离度情况却不一样。分离度在股改后有所提高,虽然增加的幅度不是很大,但说明,股改后,两权分离的情况不但没有减弱,反而分离得更大了。终极控制人的国有属性股改后有了明显的改善,国有属性平均水平显著下降,这说明股改降低了国有控股的情况,国有股"一股独大"的现象得到有效的改善。随着国有股非流通股进入二级市场流通后,国有属性也是逐步转变并被分散,这在一定程度上体现了股权分置改革的一定治理效应。

表7-1　　股改前后终极所有权结构变量描述性统计

变量	股改前（934）				股改后（934）			
	均值	最大值	最小值	标准差	均值	最大值	最小值	标准差
CFR	36.53	84.8	1.4	19.1	30.30	83.8	1.1	16.53
CR	42.13	84.8	9.1	16.00	36.17	83.8	7.8	14.91
SR	5.6	37	0	8.22	5.87	38	0	8.07
STATE	0.76	1	0	0.425	0.74	1	0	0.44

注:以上统计结果不包括股权分置改革当年的数据。

进一步考察股改前后终极所有权结构均值的方差比较分析结果,表7-2显示:只有分离度具有方差齐性的特点,其他变量均不具有方差齐性的特点,因此,对其他变量采用Brown-Forsythe方法进行方差分析。四个主要变量中,现金流权和控制权表现出在1%水平的显著差异性,国有属性和分离度则不具有显著差异。这证实,股改前后,终极所有权结构的显著变化来自现金流权和控制权,分离度和国有属性虽受到了影响,但变化水平不显著。

二　股权分置改革前后现金股利政策比较分析

对股权分置改革前后的现金股利政策进行比较分析后,显示出表7-3和表7-4的结果。现金股利政策描述性统计结果说明,派现意愿在股改后有了显著提高,股改后,上市公司更愿意支付现金股利,但是，每股股利平均水平在股改前后没有变化，始终保持 0.14 的平均水平，而现金股利支付率则在股改后表现出显著的下降趋势，从股改前的 0.59 下降到股改后的 0.41。同时，在派现水平上依然存在异常情况，现金股利支付率出现小于 0 和大于 1 的情况，意味着依旧有上市公司出现了超能力派现。

表 7-2　股改前后终极所有权结构变量均值方差分析

变量	Levene Statistic 统计值	F 统计值	Brown – Forsythe 统计值
CFR	30.78***	—	56.77***
CR	10.62***	—	69.31***
SR	0.97	0.52	—
STATE	6.59***	—	1.65

注：（1）***代表在 1% 水平显著，**代表在 5% 水平显著，*代表在 10% 水平显著。

（2）以上统计结果不包括股权分置改革当年的数据。

表 7-3　股改前后现金股利政策变量描述性统计

变量	股改前（934）				股改后（934）			
	均值	最大值	最小值	标准差	均值	最大值	最小值	标准差
DIV – ID	0.44	1	0	0.50	0.49	1	0	0.5
CDPS	0.14	1	0.01	0.13	0.14	1.2	0.005	0.14
CDPR	0.59	10	-0.5	0.68	0.41	6	-2.5	0.50

注：以上统计结果不包括股权分置改革当年的数据。

表 7-4　股改前后终极所有权结构变量均值方差分析

变量	Levene Statistic 统计值	F 统计值	Brown – Forsythe 统计值
DIV – ID	12.24***	—	4.18**
CDPS	1.72	0.00001	
CDPR	3.89**		19.05***

注：（1）***代表在 1% 水平显著，**代表在 5% 水平显著，*代表在 10% 水平显著。

（2）以上统计结果不包括股权分置改革当年的数据。

考察股改前后现金股利政策变化差异性可以发现，派现意愿和现金股利支付率都不满足方差齐性的条件，每股股利则具有方差齐性的条件。因此，对派现意愿和现金股利支付率进行了 Brown – Forsythe 检验。表 7 – 4 方差分析的结果显示：股改前后均值水平具有显著差异性的是派现意愿和现金股利支付率，每股股利这一现金股利支付的绝对值水平不具有显著差异。这说明，股改显著影响了上市公司是否派现和从当期利润中拿出多少派现的决策，但是对派现绝对水平没有产生显著影响。这验证了假设 2 关于现金股利支付相对水平的结果，但与派现意愿出现了相反的结果。

综合考察终极所有权结构和现金股利政策股改前后的变化，可以看出：股改后在终极控制人的现金流权和控制权水平都显著下降，分离度提高的情况下，现金股利支付意愿出现了提高，而现金股利支付出现了下降的情况，这一结果与第五章证实的终极所有权结构和现金股利政策的关系不一样，这初步证实，股改后，终极所有权结构与现金股利政策的关系发生了显著变化。究竟发生了怎样的变化还需要进一步的回归分析予以证实。

第五节 股权分置改革前后终极所有权结构与现金股利政策关系的回归分析

一 全样本描述性统计分析

首先对配对样本进行全样本描述性统计，结果如表 7 – 5 所示。同时分别对股改不同年度进行了主要变量的描述性统计，统计结果如表 7 – 6 所示。从两个描述性统计结果可以看出：股权分置改革后，派现意愿虽出现了上升趋势，但股改后的第二年派现意愿有所下降。每股股利平均水平虽然股改前后变化不显著，但股改后还是出现逐年下降的态势。现金股利支付率则表现出显著的逐年下降趋势。现金流权平均水平股改后出现了下降的态势，但股改第二年略有上升。控制权与现金流权变化趋势基本一致，只是下降的幅度大于现金流权。分离度在股改前逐年提升，股改实施年达到最高水平，股改后，虽然股改第二年略有下降，但总体平均水平依然高于股改前平均水平。国有属性股改前逐年下降，股改实施年达到最低水平，股改后平均水平有所回升，但总体水平仍旧低于股改前平均水平。总体而言：股改后，国有比例有所下降，终极控制人的现金流权和控制权水平显著下降，但分离度有所提高。现金股利政策则表现出派现意愿提升而派现水平下降的态势。同时注意到，主要变量的平均水平在股改实施年度经常出现五年来的最大值或最小值水平。这说明，股改实施年度的主要变量变化可能存在由于实施股权分置改革而产生的混合效应。为此，再进行回归分析时，为避免实施年度混合效应的影响，我们将实施年度的数据剔除，以提高股权分置改革前后配对样本的可比性。

表 7-5　　　　　　　　全样本主要变量描述性统计

变量	DIV-ID	CDPS	CDPR	STATE	CFR	CR	SR
均值	0.46	0.14	0.50	0.75	32.85	38.63	5.78
中位数	0.00	0.10	0.40	1.00	30.34	36.80	0.00
众数	0.00	0.10	0.50	1.00	38.96	50.00	0.00
标准差	0.50	0.13	0.56	0.44	17.93	15.58	8.15
最小值	0.00	0.01	-2.46	0.00	0.54	7.75	0.00
最大值	1.00	1.20	10.00	1.00	84.85	84.85	37.81
样本数	2335	1083	1083	2335	2335	2335	2335

表 7-6　　　　股权分置改革不同年度主要变量描述性统计

年度	变量	样本数	最小值	最大值	均值	标准差
-2	DIV-ID	467	0.00	1.00	0.45	0.50
	CDPS	211	0.01	0.65	0.13	0.10
	CDPR	211	0.02	10.00	0.60	0.76
	STATE	467	0.00	1.00	0.77	0.42
	CFR	467	1.40	84.85	36.79	19.32
	CR	467	9.14	84.85	42.29	16.20
	SR	467	0.00	36.75	5.50	8.17

续表

年度	变量	样本数	最小值	最大值	均值	标准差
-1	DIV-ID	467	0.00	1.00	0.42	0.49
	CDPS	198	0.01	1.00	0.14	0.15
	CDPR	198	-0.50	5.00	0.58	0.58
	STATE	467	0.00	1.00	0.76	0.43
	CFR	467	1.38	84.85	36.27	18.89
	CR	467	10.05	84.85	41.97	15.82
	SR	467	0.00	36.75	5.70	8.28
0	DIV-ID	467	0.00	1.00	0.47	0.50
	CDPS	221	0.01	0.80	0.15	0.13
	CDPR	221	0.02	2.67	0.49	0.35
	STATE	467	0.00	1.00	0.72	0.45
	CFR	467	0.54	84.50	30.59	16.97
	CR	467	8.70	84.50	36.56	14.74
	SR	467	0.00	37.09	5.97	8.17
1	DIV-ID	467	0.00	1.00	0.49	0.50
	CDPS	231	0.01	1.10	0.14	0.14
	CDPR	231	0.02	5.05	0.40	0.44
	STATE	467	0.00	1.00	0.73	0.44
	CFR	467	1.44	83.83	30.14	16.81
	CR	467	8.50	83.83	36.02	14.98
	SR	467	0.00	37.09	5.88	8.04
2	DIV-ID	467	0.00	1.00	0.48	0.50
	CDPS	222	0.01	1.20	0.13	0.15
	CDPR	222	-2.46	6.00	0.42	0.56
	STATE	467	0.00	1.00	0.74	0.44
	CFR	467	1.13	83.83	30.46	16.26
	CR	467	7.75	83.83	36.33	14.85
	SR	467	0.00	37.81	5.86	8.10

注：年度中"0"代表股权分置改革实施年，"-1"代表股权分置改革前一年，"-2"代表股权分置改革前两年，"1"代表股权分置改革后一年，"2"代表股权分置改革后两年。

二 回归分析

以下表7-7、表7-8和表7-9分别显示了控制了股权分置改革变量后,终极所有权结构和派现意愿、每股股利、现金股利支付率的回归结果。

表7-7　股权分置改革、终极所有权结构和派现意愿的回归

变量	模型1	模型2	模型3	模型4
G	0.021 (0.008)	0.039 (0.016)	-0.105 (0.627)	0.086 (0.136)
CFR	0.018*** (20.16)			
G×CFR	0.003 (0.265)			
CR		0.019*** (13.24)		
G×CR		0.001 (0.016)		
CR^2		0.00006 (0.001)		
$G×CR^2$		0.00001 (0.001)		
SR			-0.026*** (8.259)	
G×SR			0.006 (0.172)	
STATE				0.929*** (24.93)
G×STATE				-0.111 (0.19)
MNR	-0.051*** (65.69)	-0.02 (0.967)	-0.016*** (8.352)	-0.025 (1.443)
FCFF	-0.13*** (20.17)	-0.132*** (21.14)	-0.139*** (23.985)	-0.129*** (20.19)

续表

变量	模型1	模型2	模型3	模型4
ROE	10.06***	8.998***		9.265***
	(164.34)	(141.8)		(151.49)
ROA			27.25***	
			(220.63)	
DEBT	-2.28***	-2.3***	-0.754***	-0.754***
	(44.37)	(45.3)	(4.572)	(4.572)
lnasset	0.243***	0.255***	0.241***	0.241***
	(25.19)	(28.05)	(24.55)	(24.55)
Nagelkerke R Square	0.301	0.285	0.332	0.295
Chi-square	476.83***	448.84***	532.83***	466.73***
样本数	1868	1868	1868	1868

注：（1）括号中的系数值为 Wald 检验值。

（2）***代表在1%水平显著，**代表在5%水平显著，*代表在10%水平显著。

表7-8　股权分置改革、终极所有权结构和每股股利的回归

变量	模型1	模型2	模型3	模型4	模型5
G	-0.008	-0.083	-0.05	-0.152***	-0.081
	(-0.113)	(-0.964)	(-0.592)	(-3.986)	(-1.1)
CFR	0.153***				
	(3.767)				
G×CFR	-0.075				
	(-1.12)				
CR		0.094*	0.158***		
		(1.86)	(3.752)		
G×CR		0.087	-0.014		
		(0.94)	(-0.175)		
CR^2		0.105**			
		(2.23)			

续表

变量	模型 1	模型 2	模型 3	模型 4	模型 5
$G \times CR^2$		-0.117** (-2.399)			
SR				-0.063 (-1.495)	
$G \times SR$				0.125*** (2.714)	
STATE					0.066 (1.42)
$G \times STATE$					-0.016 (-0.201)
MNR	0.04 (1.17)	0.033 (0.977)	0.034 (0.982)	0.04 (1.145)	0.043 (1.24)
FCFF	-0.09*** (-2.81)	0.088*** (-2.76)	-0.093*** (-2.93)	-0.092*** (-2.86)	-0.092*** (-2.85)
ROE	0.457*** (14.24)	0.45*** (14.097)	0.45*** (14.24)	0.457*** (14.16)	0.462*** (14.22)
DEBT	-0.213*** (-6.59)	-0.207*** (-6.43)	-0.211*** (-6.54)	-0.229*** (-7.11)	-0.223*** (-6.88)
lnasset	0.108*** (3.65)	0.107*** (3.62)	0.106*** (3.596)	0.12*** (4.029)	0.114*** (3.81)
Adjust R Square	0.273	0.283	0.279	0.264	0.261
F	41.33***	34.95***	42.69***	39.59***	38.94***
Dubin-watson	2.08	2.08	2.09	2.08	2.07
样本数	862	862	862	862	862

注：（1）括号中的系数值为 t 检验值。

（2）***代表在1%水平显著，**代表在5%水平显著，*代表在10%水平显著。

（3）系数值为标准化系数值。

表 7-9 股权分置改革、终极所有权结构和现金股利支付率的回归

变量	模型 1	模型 2	模型 3	模型 4	模型 5
G	-0.091 (-1.21)	-0.125 (-1.295)	-0.096 (-1.02)	-0.13*** (-3.16)	-0.046 (-0.559)
CFR	0.05 (1.108)				
G×CFR	-0.022 (-0.288)				
CR		0.008 (0.136)	0.059 (1.252)		
G×CR		0.067 (0.641)	-0.011 (-1.114)		
CR2		0.085 (1.6)			
G×CR^2		-0.081 (-1.469)			
SR				-0.007 (-0.142)	
G×SR				0.03 (0.589)	
STATE					0.056 (1.085)
G×STATE					-0.084 (-0.964)
MNR	0.061 (1.58)	0.058 (1.52)	0.058 (1.52)	0.06 (1.56)	0.06 (1.57)
FCFF	0.012 (0.349)	0.015 (0.429)	0.011 (0.319)	0.012 (0.331)	0.011 (0.32)
ROE	-0.267*** (-7.435)	-0.271*** (-7.55)	-0.268*** (-7.46)	-0.267*** (-7.43)	-0.26*** (-7.367)

续表

变量	模型1	模型2	模型3	模型4	模型5
DEBT	-0.093** (-2.576)	-0.089** (-2.453)	-0.092** (-2.53)	-0.099** (-2.747)	-0.095*** (-2.631)
lnasset	0.026 (0.795)	0.025 (0.78)	0.025 (0.763)	0.031 (0.931)	0.028 (0.84)
Adjust R Square	0.089	0.089	0.091	0.088	0.089
F	11.56***	11.56***	11.71***	11.4***	11.5***
Dubin-watson	2.07	2.07	2.07	2.06	2.06
样本数	862	862	862	862	862

注：（1）括号中的系数值为t检验值。
（2）***代表在1%水平显著，**代表在5%水平显著，*代表在10%水平显著。
（3）系数值为标准化系数值。

（一）股权分置改革对终极所有权结构与派现意愿关系的比较分析

首先考察派现意愿的回归结果。从方程拟合情况看，各方程的Chi-square检验值在1%水平显著，Nagelkerke R Square在0.285—0.332之间，方程拟合有意义。

是否股改的虚拟变量在各方程中均不具有显著性，这证实，股权分置改革没有对派现意愿产生实质性影响，不支持假设2关于派现意愿的假设。而分别考察终极所有权结构变量与派现意愿的关系变化发现：第一，现金流权与派现意愿的显著正相关关系依然存在，股改与现金流权交叉变量与派现意愿关系没有表现出显著关系变化，这说明，股权分置改革没有对现金流与派现意愿产生治理效应，支持了假设4。第二，控制权与派现意愿的关系发生了变化，原来的倒"U"形关系不存在，控制权与派现意愿呈现出显著正相关关系，股改与控制权交叉变量与派现意愿的关系也没有显著性，这说明，股权分置改革改变了控制权对派现意愿的影响机制，但没有削弱控制权对派现意愿的正向影响力。此时，由于控制权水平整体下降，平均处于相对控制水平，所以终极控制人利用现金股利的派发掩盖其实施的利益侵占行为，随着控制权水平的提高，其他利益侵占的可能性越大，派现的概率也越高。第三，在分离度的拟合中，因为代表盈利能力的股东权益报酬率数值偏小，导致无法拟合方程，因此，我们以总资产报酬率代替了股东权益报酬率进行了回归。回归结果显示：分离度与派现意愿的关系发生显著变化。未考虑股权分置改革因素时，分离度与派现意愿没有显著关系；但控制了股权分置改革因素后，分离度与派现意愿的负相关关系在1%水平显著，这说明，股权分置改革后，终极控制人的两权分离度越大，派现的意愿越小。这表现出现金股利的利益侵占行为特性。考察控制权和分离度的重要程度可以看出，控制权的重要性远大于分离度的重要性，这说明终极控制人较多地倾向于用现金股利政策掩饰其实施的其他利益侵占行为。由此可以看出，股改后，由于现金股利政策实施成本和收益的巨大变化以及其他利益侵占方式成本和收益相应的变化，最终控制人的现金股利决策机制日渐复杂，可能不再是简单的利益侵占工具或掩饰利益侵占的面具，是终极控制人在不同方式之间进行成本收益权衡之后的结果。另外，由于样本选取的为上市时间较长的上市公司，它们具有的丰富的政策应对经验，也使其决策行为的隐蔽性和复杂性程度加大，从而使终极控制权结构关键变量与派现意愿的关系变得更为复杂。第四，股改后，终极控制人的国有属性依然与派现意愿存在显著的正相关关系，是否股改和国有属性相乘的交叉变量虽然系数为负值，但不显著。这说明，股改后终极控制人的国有属性依然对派现意愿存在显著影响力，股权分置改革的治理效应不显著。

（二）股权分置改革对终极所有权结构与派现水平关系的比较分析

考察现金股利支付绝对值每股股利的回归分析，情况又不相同。五个方程的自相关检验均通过，F统计值也在1%水平显著，拟合优度均接近30%，方程拟合有意义。

是否股改的虚拟变量与每股股利的关系都表现出负相关，但只在与分离度的回归中显著。这说明，当考察两权分离度与每股股利关系时，股改后，每股股利水平有所下降。

现金流权与每股股利的显著正相关关系依然稳定存在，控制股改后的交叉变量虽然系数为负值，但不显著。这证实，股改对现金流权与每股股利关系没有产生显著影响力。

在控制权的回归模型 2 中，我们发现 G×CR 变量表现出多重共线性。因此，方程拟合系数有误，考虑到股改后控制权对现金股利意愿的作用机制发生了变化，所以，我们去除控制权平方项变量重新进行拟合，模型 3 通过了多重共线性检验。所以，从模型 3 的结果可以看出，控制权与每股股利之间同样表现出显著正相关关系，是否股改与控制权的交叉变量虽然系数为负，但不显著，说明股权分置改革改变了终极控制人在每股股利水平决策上的影响机制，但没有削弱终极控制人的影响力度。

分离度与每股股利的关系变化依旧是最特殊的。控制了股改因素后，是否股改与每股股利出现了显著负相关关系，但分离度却没有与每股股利形成显著负相关关系，而是否股改与分离度的交叉变量却表现出 1% 水平的显著正相关关系，这说明，股改后分离度越大，每股股利水平越高。股改强化了分离度与每股股利的正相关关系，这不仅体现股权分置改革的治理效应，更体现了现金股利绝对支付是终极控制人掩盖其他利益侵占的面具。因为，在分离的情况下，分离度越大，终极控制人可以实施利益侵占的可能性越大，为掩饰这些行为，增加了现金股利的派发，以降低与中小投资者的利益冲突。

国有属性与每股股利的不显著关系在控制股改因素后，没有发生变化，股权分置改革对国有属性终极控制人的现金股利支付绝对水平的决策没有显著影响力。

考察现金股利支付相对水平的回归分析，我们发现问题更为复杂。就方程的拟合而言，拟合总体水平显著下降，但方程的 F 检验值和自相关检验均通过。说明方程拟合有意义。

是否股改变量在五个回归中，只在模型 4 与分离度的回归中具有显著性，其他都不显著。

现金流权与现金股利支付率的显著正相关关系在控制了股改因素后，不再显著。国有属性对现金股利支付率的显著正相关关系在控制股改后不再显著。控制权的回归中，模型 2 因为出现了多重共线性，所以拟合了模型 3，但控制权也不再与现金股利支付率存在显著关系。分离度没有如前述那样出现显著正相关关系，只是此时是否股改虚拟变量表现出显著负相关关系。而其他控制变量也只有债务刚性约束变量表现出正常的显著负相关关系，盈利能力表现出异常的显著负相关，其他控制变量均不显著。这一结果说明，股改后，终极控制人对现金股利支付水平的影响力主要表现在现金股利支付的绝对值水平，这和股改前二者均有显著影响力的情况不相同。

综上所述，股权分置改革解决了股权流通性分裂的问题，一定程度上降低了国有股的持股比例，降低了终极控制人的控制权和现金流权水平，但却没有改变终极控制人存在的现实，而且终极控制人的两权分离程度股改后不但没有减弱，反而加大了，这影响了终极控制人的决策机制。

股权分置改革对现金股利政策的影响在派现意愿和派现水平方面的影响有所不同。对于派现意愿，股权分置改革没有发挥治理效应，未能产生显著影响力，不支持假设 2 关于派现意愿的假设。但股权分置改革对现金股利支付水平产生了影响，这种影响在终极控制人两权分离的情况下具有显著负相关性。

股权分置改革对终极所有权结构不同变量和现金股利政策关系的影响不一致。股改后，现金流权与派现意愿和派现绝对值水平的显著正相关关系依然存在；控制权对现金股利支付意愿和支付水平的影响因股权分置改革而发生变化，表现出更强的正相关关系；分离度在股改后对派现意愿产生了显著的负相关关系，但对每股股利产生显著正相关关系，这与股改前不显著性情况完全不同。终极控制人的国有属性对派现的偏好股改后没有发生变化，但是对现金股利支付率的显著正相关关系则一定程度地下降，变得不显著，对假设 1 提供了现金股利支付相对水平下降的证据。总体而言，股权分置改革虽然一定程度上对终极所有权结构与现金股利政策的关系产生了影响，但没有从根本上解决最终控制人对上市公司的优势控制权问题，因而，派现意愿和派现水平在股改后仍旧取决于最终控制人的现金流权、控制权和不同分离度下的不同权利配置情况，依然是最终控制人实现自身利益最大化的结果（杨颖，2010）。股权分置改革只是改变了终极控制人派现意愿和派现水平决策时的作用机制。

第六节　本章小结

本章通过比较股权分置改革前后终极所有权结构与现金股利支付意愿和支付水平关系的变化，明确了股权分置改革对终极所有权结构和现金股利政策关系的影响，也同时验证了股权分置改革的政策效应。通过从终极所有权结构质与量两个方面的深入剖析，我们形成了以下结论：

第一，股权分置改革的实施一定程度上削弱了最终控制人利用现金股利的行为，减少了两权分离终极控制人的现金股利支付，但现金股利支付水平的降低并不是公司现金股利政策趋于理性的表现，而是终极控制人在不同利益实现方式之间权衡的结果，现金股利政策是终极控制人用来掩饰其他利益侵占行为的面具。

第二，股权分置改革解决了股票流动性分裂的问题，使最终控制人拥有的非流通股变为流通股，但并没有改变最终控制人存在的现实，反而股改后分离度的提升使得最终控制人拥有在公司重大决策上更大的控制权，因此，股改后终极所有权结构与现金股利政策的关系总体而言不但没有削弱反而加强，尤其是分离度对现金股利政策的影响力变得更为显著。而对最终控制人性质而言，国有属性对现金股利政策的显著影响在股改后有所下降，一定程度上体现了股权分置改革的政策效应，支持了假设1，但是，控制权的影响力也没有因此削弱，依旧显著（杨颖，2011）。

第三，股权分置改革对终极所有权结构和现金股利政策关系的影响在派现意愿和派现水平上表现出极大的差异性，对派现绝对水平和相对水平的影响也不完全一致，后续的研究需要更为深入地分别从不同层面展开。

第四，股改后现金股利政策仍旧被最终控制人所利用，股权分置改革只是改变了最终控制人可以选择利益侵占的方式和不同方式的成本和收益，这使得股改后的终极所有权结构与现金股利政策关系更为复杂，而这也将是今后需要我们深入研究的课题（杨颖，2011）。

第八章 结论、建议及不足

第一节 结论

现金股利政策作为公司治理领域内的一大难题长期以来受到中外学者的关注，虽然已有研究形成了许多的理论框架和研究成果，然而，随着经济的发展，新情况和新问题的涌现对已有研究不断提出新的课题，尤其是我国这一新兴资本市场的特殊制度环境下所形成的现金股利政策更是在市场经济的改革中不断出现新特点和新难题，使我国的现金股利政策之谜更难破解。本书正是看到这一特点，因而根据资本市场发展的最新特点，选择了终极所有权结构这一全新的视角，从公司治理的微观层面和制度变迁的宏观层面对终极所有权结构与现金股利政策之间的关系进行全面和综合的剖析，以期从全新的角度揭示我国当前的现金股利政策的实质，为现金股利政策之谜的破解提供有力的证据。

本书以2003—2012年沪深两市的A股上市公司为样本，运用方差分析、逻辑回归及多元线性回归等分析方法，分别从终极所有权结构质与量两个方面对是否派现意愿和现金股利支付水平进行了全面的实证研究和分析。在此基础上，选择了投资者法律保护和股权分置改革这两个影响终极所有权结构与现金股利政策关系的关键宏观制度因素，探讨了宏观制度因素对二者关系的影响，同时也实现了对现金股利政策从宏观、微观两个层面分别研究与综合研究相结合的创新，更为全面地揭示了现金股利政策的实质。而从宏观层面展开的研究不仅实现了对现金股利政策更全面的研究，也对宏观政策效应进行了检验，从现金股利政策的角度验证了投资者法律保护和股权分置改革是否达到了预期的效应。通过本书的研究，我们得出微观和宏观两方面的重要结论。

一　微观层面的结论

第一，现金流权与派现意愿和派现水平存在较为稳定的显著正相关关系，这体现了所有权对现金股利的激励机制。因为，较高的现金流权使上市公司不派现或少派现的成本较大，从而激励了对派现意愿和派现水平的偏好。

第二，控制权与派现意愿和派现水平的关系完全相反。与派现意愿表现出显著倒"U"形关系，但与派现水平却呈现"U"形关系。这是终极控制人在不同的控制权水平状况下权衡的结果。

第三，分离度与派现意愿和派现水平不存在显著相关性。主要原因是当前终极控制人的分离水平总体不高。

第四，终极控制人的国有属性表现出对派发现金股利的偏好，在现金股利支付水平的具体决策中，国有属性的终极控制人更关注现金股利支付的相对水平，而不是绝对水平。

第五，上市公司的现金股利政策是终极控制人掩饰其他利益侵占行为的面具，与其他利益侵占行为之间不存在显著的竞争关系。

第六，终极所有权结构对现金股利支付水平的影响在绝对值和相对值方面表现出差异性。终极控制人更关注相对水平的现金股利支付决策，因为现金股利支付率代表着终极控制人从当期公司利润中真正拿出的比例，更能反映出现金股利支付的真实水平。

二　宏观层面的结论

第一，从投资者法律保护的角度而言，随着投资者法律保护水平的不断提升，我国的现金股利政策却没有表现出应有的政策效应，现金股利政策既不体现结果模型也不体现替代模型，仍旧被最终控制人利用来掩饰其实施的其他利益侵占行为，投资者利益的实现在现金股利政策上没有得到体现。投资者法律保护与现金股利政策的关系及其对终极所有权结构与现金股利政策关系的影响具有显著的地区差异性。

第二，股权分置改革改变了原有股票流动性分裂的制度环境，从根本上实现了"同股同权、同股同价"，但却没有使最终控制人失去对上市公司的控制权，反而加大了最终控制人两权分离的程度，这使得股改并没有从实质上影响到终极所有权结构与现金股利政策的关系，只是改变了终极所有权结构对现金股利政策的影响机制。股权分置改革虽然在一定程度上削弱了国有属性对现金股利偏好的动机，但股改后的现金股利政策仍旧是最终控制人在不同利益获取方式之间权衡的结果，只是利益获取方式和他们的获取成本发生了变化而已。

第三，当前，我国资本市场存在最终控制人控制上市公司的现象，而且最终控制人的现金流权和控制权存在分离现象，这一分离现象在非国有属性的最终控制人身上更为显著。在股权分置改革后，最终控制人的两权分离现象不但没有减少，反而更显著，分离度更高。这使得上市公司的现金股利政策依旧受制于最终控制人，而被最终控制人所利用。

第四，投资者法律保护和股权分置改革的检验结果证实：最终控制人决策时在现金股利支付绝对水平和相对水平上表现出差异性。他们更多地关注现金股利支付率，但对现金股利支付的绝对值也不可忽视。因此，对现金股利政策的研究不可仅关注现金股利支付的绝对值或相对值，否则可能导致研究结果的偏颇。

第五，我国当前的投资者法律保护水平虽然在不断提高，但是，就资本市场而言，仍旧没能真正体现出对中小投资者利益的保护。股权分置的改革是我们实现对中小投资者利益保护的一项重大举措，但实证结果证实效果不显著，当然，新政策的实施均存在时滞性，效果不一定立即得到反映，但时滞性并不能改变最终控制人的存在，股权分置改革只是解决了股票流通性的问题，无法解决其他问题。同样，投资者法律保护政策的出台，也只是解决了一部分问题，而实证结果在考虑了投资者法律保护水平后现金股利政策与公司价值的负相关关系更说明，有时出台的宏观制度政策可能被最终控制人利用而谋取私利，不但没有发挥应有作用，反而产生负面影响。所以，从宏观层面而言，政策的出台和制定，要从我国资本市场的实际和特殊情况入手，要从我国上市公司的微观特性入手，否则可能出现反效果。

第六，我国特殊的制度环境、特殊的上市公司微观特性使得我国的现金股利政策更为复杂，对其的研究要立足于我国的制度背景下和公司的微观特性，更应该时刻关注在资本市场不断发展和完善过程中出现的新问题和新情况。股改后两权分离现象的严重，说明我们在今后的研究中更应该关注终极所有权结构对现金股利政策的影响，然而今后的研究重点和研究角度都必须与资本市场的发展和公司治理的发展吻合，现金股利政策的研究又将出现新的课题和难题。

第二节 建议

一 完善投资者法律保护相关法律制度

虽然近年来，我国在法律制度的健全和完善方面做了大量工作，也有了丰硕的成果，投资者法律保护水平不断提高，但是与发达资本市场的法律环境和法律制度比较而言，对资本市场上中小投资者的保护水平仍旧较低。尤其是民事诉讼程序上的"原告举证"使得中小投资者维护自身合法权益的成本高、取证困难、可行性低，因此，形成名义上法律保护存在，实质上不存在的现状。因此，有必要进一步完善现有法律制度。一是从中小投资者的股东权利入手，赋予其知情权和一定的监督权，使其能更为全面地了解公司股东及最终控制人的信息，并发挥自身的监督作用，以保护自身合法权利。二是在民事诉讼程序上尝试形成"被告举证责任"，以降低中小投资者的诉讼成本，使中小投资者保护自身利益的诉讼行为成为可能。三是进一步提高法律惩罚成本并完善民事诉讼赔偿机制，通过法律惩罚成本的提高和责任的加大，提高最终控制人实施利益侵占的成本，减少侵占的动机。四是为受侵害的投资者提供有效的法律救济手段，使其利益受到侵害时可以得到补偿。

二 建立维护投资者利益的职业民间机构

法律的出台只是意味着投资者享有权利，但是投资者如果在被侵权的情况下不上诉则权利不可能得到保证和实现。而我国的中小投资者上诉股东侵权的案例在当前的实践中寥寥无几，原因在于：一方面相关法律规定的可以上诉的法律依据的范围较窄；另一方面，中小投资者自身缺乏相应的专业知识，也不了解上市公司的真实信息，在自己举证的情况下，不知道如何提起诉讼、如何应诉，他们不具备这方面的能力，因此，在衡量得失后，大部分自己放弃。在这种情况下，需要专业机构的帮助。因此，建立一个可以为中小投资者提供相应服务的职业民间机构将有利于保护投资者利益，也有利于促进资本市场的有序性。这一职业民间机构作为社团法人，不以营利为目的，由法律和金融、会计领域的专业人士组成，帮助中小投资者进行维权应诉及完成诉讼的全过程，这一机构的建立将使投资者的维权得以实现。

三 完善终极控制人相关信息披露制度，提高信息披露违规成本

资本市场关于信息披露出台了一系列的制度和规范，上市公司信息披露也日渐规范和及时，但是，关于终极控制人的信息披露却不全面。在数据整理过程中，我们发现，尽管自2002年证监会就要求有最终控制人的上市公司必须披露相关信息，但上市公司关于这一方面的信息披露仍不完整，很多公司没有控制框架图，无法确定最终控制人的实际情况，这使得最终控制人拥有了信息优势，从而中小投资者的信息成本更高，显然不利于其决策和自身利益的保护。而已有关于信息披露的规定多为制度、证监会的规定等形式，法律效力低，而且对其惩罚力度小，效果不佳。有鉴于此，建议在信息披露上以法律、法规的形式进行界定，形成强制性最终控制人信息披露制度，同时详细规定不披露、不完全披露、不准确披露、不及时更新的惩罚措施和实施细则，提高违规成本，降低最终控制人利用优势信息谋取私利的收益，从而保证资本市场的信息对称，实现资源有效配置。

四 细化现金股利分配的相关法律法规，提高法律法规执行的科学性

证监会已有相关规定中对上市公司的现金股利政策做了相关规定，但是，从实证结果看，这些规定并没有发挥作用，有的甚至被最

终控制人所利用。因此，有必要重新审视已有法律及相关规定的条款，进行调整。可以考虑取消现金股利派发作为再融资的条件。同时，可以强制规定公司在规定的盈利水平、资金流水平下必须发放现金股利，相关指标的界定应有一定的长期性和连续性，以防止短期大量派现行为的出现，引导上市公司的派现以公司价值和中小投资者利益的保护为出发点而逐步走向理性。对现金股利政策的规范，不仅要强化在什么情况下应该派现的约束机制，更应该关注派现水平与当期利润的配比关系，明确划定相应的指标范围，以防止出现为迎合制度需要而选择派现，但却象征性地派发现金股利的行为。同时，也防止超能力派现套取现金行为的出现。

五 鼓励和引入机构投资者，促进对终极控制人制衡机制的形成

建立科学、有效的公司法人治理结构长期以来是我们努力解决的重要问题之一，尽管我们不断形成了新的法律、法规和制度规范，但目前上市公司的治理结构和治理机制并没有发生实质性变化，控制性股东依然存在，股权集中的现实没有根本改变。独立董事制度虽然推行已有较长时间，却没有发挥实质作用，独立董事只是花瓶，监事会的监管也形同虚设，这都给终极控制人以更大的空间谋取私利。因此，如何将表面上的各项监管制度落到实处，如何让独立董事、监事发挥作用仍旧是今后工作的重点。股权分置改革虽然分散了最终控制人手中的现金流权和控制权，但股改后其仍旧拥有其他分散股东难以抗衡的控制权，因此，借股改后股票流通性提高之机，通过优惠和导向性政策的规定，引导机构投资者进入上市公司的股东会，加大机构投资者的持股比例，分散终极控制人的控制权，从而提高分散股东抗衡最终控制人的实力，能有效牵制和制衡终极控制人的控制作用，建立起控制性股东与中小股东的制衡机制，这将有效地降低最终控制人谋取私利的可能性，促进现金股利政策的理性化，推动上市公司决策的科学化和理性化，最终实现资本市场的有序性和有效性。

第三节 研究不足及未来研究方向

第一，本书从终极所有权结构这一微观治理变量入手对现金股利政策进行了实证检验，对终极控制人质的属性只是从整体上按照是否国有进行了划分，实际上，处于中央、地方等不同层级的国有终极控制人具有不同的政治诉求目标，这种差异性必将影响他们在现金股利决策上的取舍。因此，对终极控制人的属性进行更为细致的划分，深入探讨他们的政治关联性对现金股利决策的影响将为揭开我国的现金股利之谜提供更为深入的证据，这将是今后需要继续深入开展的一个研究方向。

第二，在研究中发现，终极控制人在决定派现时，对派现水平的决策机制与派现意愿不同。派现水平呈现先下降后上升的趋势，也就是说，在有能力派现的情况下，为掩饰其他利益侵占行为，终极控制人以决定派现掩盖其他利益侵占，因此，派现水平不会过高。如果能够对此时上市公司的派现能力构建一个有效的衡量指标，研究这一指标与派现水平的关系，将会更为全面地为现金股利政策是终极控制人掩饰其他利益侵占行为的面具这一新的论断提供有效的证据，这将会是今后需要深入研究的又一个新问题。

第三，本书研究证实了股权分置改革改变了终极控制人在现金股利决策上的决策机制。那么，全流通后，特别是禁售期全部结束后，股权分置改革的政策滞后性不再存在后，终极控制人在现金股利政策的抉择上究竟是怎样的机制，是今后值得深入研究的一个重要的方向。

参考文献

[1] 曹媛媛、冯东辉：《我国上市公司股利政策的信息内涵：基于股利政策稳定性的实证研究》，《系统工程》2004年第22期。

[2] 陈健健：《基于现金股利的大股东掏空研究——来自股权分置改革前后的经验证据》，《广东商学院学报》2007年第6期。

[3] 陈建梁、叶护华：《股权分置对上市公司股利分配影响的差异性研究》，《南方金融》2004年第9期。

[4] 陈浪南、姚正春：《我国股利政策信息传递作用的实证研究》，《金融研究》2000年第10期。

[5] 程敏：《制度环境、现金股利政策和投资者保护——来自A股和H股上市公司的经验证据》，《上海立信会计学院学报》2009年第2期。

[6] 陈伟、刘星、杨源新：《上海股票市场股利政策信息传递效应的实证研究》，《中国管理科学》1999年第3期。

[7] 陈晓、陈小悦、倪凡：《我国上市公司首次股利信号传递效应的实证研究》，《经济科学》1998年第5期。

[8] 陈信元、陈东华、时旭：《公司治理与现金股利：基于佛山照明的案例研究》，《管理世界》2003年第8期。

[9] 陈旭东、杨兴全、曾春华：《市场化进程、管理者权力与公司并购绩效》，《中国注册会计师》2014年第4期。

[10] 党红：《关于股改前后现金股利影响因素的实证研究》，《会计研究》2008年第6期。

[11] 邓建平、曾勇：《上市公司家族控制与股利决策研究》，《管理世界》2005年第7期。

[12] 杜轲、李光凤:《终极产权、现金股利与内部资本市场——基于我国民营上市公司的实证研究》,《开发研究》2013 年第 3 期。

[13] 樊纲、王小鲁、朱恒鹏:《中国市场化指数——各地区市场化相对进程 2011 年报告》,经济科学出版社 2011 年版。

[14] 高洪深:《区域经济学》(第四版),中国人民大学出版社 2014 年版。

[15] 高峻:《基于股权分置改革国有控股上市公司现金股利政策研究》,《财会通讯》2009 年第 9 期。

[16] 何涛、陈晓:《现金股利能否提高企业的市场价值》,《金融研究》2002 年第 8 期。

[17] 何卫东:《限制非流通股东"自利"行为迫在眉睫》,《中国证券报》2004 年 8 月 26 日第 15 版。

[18] 胡国柳、黄景贵:《股权结构与企业股利政策选择关系:理论与实证分析》,《商业经济与管理》2005 年第 12 期。

[19] 黄娟娟、沈艺峰:《上市公司的股利政策究竟迎合了谁的需要——来自中国上市公司的经验数据》,《会计研究》2007 年第 8 期。

[20] 金殷、陈旭东:《市场化进程、控股股东控制与现金股利政策研究综述》,《广西财经学院学报》2011 年第 10 期。

[21] 孔小文、于笑坤:《上市公司股利政策信号传递效应的实证分析》,《管理世界》2003 年第 6 期。

[22] 雷光勇、刘慧龙:《市场化进程、最终控制人性质与现金股利行为——来自中国 A 股公司的经验证据》,《管理世界》2007 年第 7 期。

[23] 李常青、沈艺峰:《沪深上市公司股利政策信息内涵的实证研究》,《中国经济问题》2001 年第 5 期。

[24] 李增泉、孙铮、王志伟:《"掏空"与所有权安排——来自我国上市公司大股东资金占用的经验证据》,《会计研究》2004 年第 12 期。

[25] 李志军、徐寿福:《投资者法律保护与大股东控制下的现金股

利政策》,《上海经济研究》2013 年第 9 期。

[26] 吕长江、王克敏:《上市公司股利政策的实证分析》,《经济研究》1999 年第 12 期。

[27] 刘峰、贺建刚:《股权结构与大股东利益实现方式的选择——中国资本市场利益输送的初步研究》,《中国会计评论》2004 年第 6 期。

[28] 刘金星、宋理升:《终极控制股东的政治关联与现金股利的实证研究——来自民营上市公司的经验证据》,《山西财经大学学报》2013 年第 6 期。

[29] 刘芍佳、孙霈、刘乃全:《终极产权论、股权结构及公司绩效》,《经济研究》2003 年第 4 期。

[30] 刘淑莲、胡燕鸿:《中国上市公司现金分红实证分析》,《会计研究》2003 年第 4 期。

[31] 刘星、李豫湘、杨秀苔:《影响我国股份公司股利决策的因素分析》,《管理工程学报》1997 年第 11 期。

[32] 刘泽荣、黄文杰:《股权分置改革对上市公司股利支付行为的影响》,《中南财经政法大学学报》2012 年第 4 期。

[33] 刘志强、余明桂:《投资者法律保护、产品市场竞争与现金股利支付力度——来自中国制造业上市公司的经验证据》,《管理学报》2009 年第 8 期。

[34] 栾天虹、史晋川:《投资者法律保护与所有权结构》,《财经论丛》(浙江财经学院学报)2003 年第 8 期。

[35] 罗宏、黄文华:《国企分红、在职消费与公司业绩》,《管理世界》2008 年第 9 期。

[36] 马曙光、黄志忠、薛云奎:《股权分置、资金侵占与上市公司现金股利政策》,《会计研究》2005 年第 9 期。

[37] 马忠、陈彦:《金字塔结构下最终控制人的盘踞效应与利益协同效应》,《中国软科学》2008 年第 5 期。

[38] 饶育蕾、张轮:《行为金融学》,复旦大学出版社 2005 年版。

[39] 申弘:《2007 年度上市公司超能力派现统计分析》,《市场周

刊》（理论研究）2008 年第 8 期。

[40] 沈艺峰、许年行、杨熠：《我国中小投资者法律保护历史实践的实证检验》，《经济研究》2004 年第 9 期。

[41] 宋玉、李卓：《最终控制人特征与上市公司现金股利政策》，《审计与经济研究》2007 年第 9 期。

[42] 苏启林、朱文：《上市公司家族控制与企业价值》，《经济研究》2003 年第 8 期。

[43] 苏武康：《中国上市公司非流通大股东利益实现方式研究——中国上市公司重筹资轻使用的制度根源分析》，《经济体制改革》2004 年第 1 期。

[44] 唐国琼、邹虹：《上市公司现金股利政策影响因素的实证研究》，《财经科学》2005 年第 2 期。

[45] 唐国正：《股权二元结构对公司分配方式的影响》，《金融研究》2005 年第 5 期。

[46] 唐清泉、罗党论：《现金股利与控股股东的利益输送行为研究——来自中国上市公司的经验证据》，《财贸研究》2006 年第 1 期。

[47] 唐跃军、谢仍明：《股份流动性、股权制衡机制与现金股利的隧道效应》，《中国工业经济》2006 年第 2 期。

[48] 田祥新、徐国栋、周永强：《上市公司股利政策与股市波动的实证研究》，《广西财政高等专科学校学报》2003 年第 3 期。

[49] 王化成、李春玲、卢闯：《控股股东对上市公司现金股利政策影响的实证研究》，《管理世界》2007 年第 1 期。

[50] 王合喜、胡伟：《我国上市公司现金股利分配政策影响因素研究》，《财务与会计》2004 年第 2 期。

[51] 王俊秋：《大股东控制与资金占用的实证研究》，《工业技术经济》2006 年第 6 期。

[52] 王鹏、周黎安：《控股股东的控制权、所有权与公司绩效：基于中国上市公司的证据》，《金融研究》2006 年第 2 期。

[53] 王信：《从代理理论看上市公司的派现行为》，《金融研究》

2002 年第 9 期。

[54] 魏刚：《我国上市公司股利分配的实证研究》，《经济研究》1998 年第 6 期。

[55] 伍丽娜、高强、彭燕：《中国上市公司"异常高派现"影响因素分析》，《经济科学》2003 年第 1 期。

[56] 吴晓求：《股权流动性分裂的八大危害——中国资本市场为什么必须进行全流通变革》，《财贸经济》2004 年第 5 期。

[57] 夏立军、方轶强：《政府控制、治理环境与公司价值——来自中国证券市场的经验证据》，《经济研究》2005 年第 5 期。

[58] 肖珉：《自由现金流量、利益输送与现金股利》，《经济科学》2005 年第 2 期。

[59] 肖作平、苏忠秦：《现金股利是"掏空"的工具还是掩饰"掏空"的面具？——来自中国上市公司的经验证据》，《管理工程学报》2012 年第 2 期。

[60] 谢军：《股利政策、第一大股东和公司成长性：自由现金流理论还是掏空理论》，《会计研究》2006 年第 4 期。

[61] 徐晓颖：《股权分置改革后上市公司股利政策研究》，《当代经济管理》2008 年第 1 期。

[62] 许文彬、刘猛：《我国上市公司股权结构对现金股利政策的影响——基于股权分置改革前后的实证研究》，《中国工业经济》2009 年第 12 期。

[63] 徐治国：《民营上市公司现金股利分配问题研究——基于所有权结构的一个 Logistic 分析》，《中国管理信息化》2008 年第 11 期。

[64] 阎大颖：《中国上市公司控股股东价值取向对股利政策影响的实证研究》，《南开经济研究》2004 年第 6 期。

[65] 杨汉明：《西方企业股利政策文献评述》，《中南财经政法大学学报》2007 年第 2 期。

[66] 杨淑娥、王勇、白革萍：《我国股利政策影响因素的实证分析》，《会计研究》2000 年第 2 期。

[67] 杨兴全、张丽平、陈旭东：《市场化进程与现金股利政策：治理效应抑或缓解融资约束?》，《经济与管理研究》2014 年第 5 期。

[68] 杨颖：《市场化进程与现金股利行为关系的实证研究》，《经济与管理研究》2009 年第 11 期。

[69] 杨颖：《投资者法律保护与现金股利政策——基于终极所有权结构视角》，《经济与管理研究》2010 年第 9 期。

[70] 杨颖：《股权分置、终极所有权结构与现金股利政策》，《中国会计学会财务成本分会 2011 年年会暨第二十四次理论研讨会论文集》2011 年 7 月 16 日。

[71] 杨颖：《终极所有权结构和现金股利支付——基于资金侵占角度》，《第十七届中国财务年会会议论文》2011 年。

[72] 颜亨莎：《上市公司实际控制人对现金股利政策影响研究》，硕士学位论文，山东财经大学，2014 年。

[73] 姚丹珺：《上市公司终极控制人对现金股利政策影响研究》，《财会通讯》2014 年第 9 期。

[74] 叶护华：《我国现金股利政策研究文献综述》，《现代管理科学》2006 年第 1 期。

[75] 叶勇、胡培、何伟：《上市公司终极控制权、股权结构及公司绩效》，《管理科学》2005 年第 4 期。

[76] 应展宇：《股权分裂、激励问题与股利政策——中国股利之谜及其成因分析》，《管理世界》2004 年第 7 期。

[77] 余明桂、夏新平：《控股股东、代理问题与股利政策：来自中国上市公司的经验证据》，《中国金融学》2004 年第 2 期。

[78] 俞乔、程滢：《我国公司红利政策与股市波动》，《经济研究》2001 年第 4 期。

[79] 原红旗：《中国上市公司股利政策分析》，中国财政经济出版社 2004 年版。

[80] 袁天荣、苏红亮：《上市公司超能力派现的实证研究》，《会计研究》2004 年第 10 期。

［81］袁振兴、杨淑娥：《现金股利政策：法律保护的结果还是法律保护的替代——来自我国上市公司的证据》，《财贸研究》2006年第5期。

［82］袁振兴、杨淑娥、王冬年：《从代理成本理论到利益侵占假说的演变》，《经济问题》2007年第2期。

［83］张俭、石本仁：《制度环境、两权分离与家族企业现金股利行为——基于2007—2012年中国家族上市公司的经验证据》，《当代财经》2014年第5期。

［84］张水泉、韩德宗：《上海股票市场股利与配股效应的实证研究》，《预测》1997年第3期。

［85］张涛、王丽萍：《我国上市公司股利政策实证研究文献综述》，《山东财政学院学报》2006年第3期。

［86］赵中伟：《控制结构、法律保护与股利政策——对香港本地公司和内地A股上市公司的比较研究》，《经济管理》2012年第1期。

［87］周好文、李增福、唐春阳：《行业对股利分配的影响——基于中国上市公司的实证研究》，《预测》2004年第6期。

［88］朱滔、王德友：《现金股利：缓解代理问题还是大股东剥削——基于最终所有权结构视角的研究》，《山西财经大学学报》2007年第8期。

［89］朱滔：《大股东终极所有权结构与利益输送方式选择》，《生产力研究》2009年第1期。

［90］邹晖：《国有上市公司投资者保护：基于控制权私有收益的检验》，《经济问题》2008年第4期。

［91］Aharony and Swary, "Quarterly Dividend and Earnings Announcements and Stockholder's Returns: an empirical analysis", *Journal of Finance*, May 1980.

［92］Akerlof G. A., "The Market for Lemons: Quality on Certainty and The Market Mechanism", *The Quarterly Journal of Economics*, Vol. 84, March 1970.

[93] Allen, F. and Michaely R., "Dividend Policy", *Working Paper*, *University of Pennseylvania*, 2001.

[94] Ambarish, Ramasaaty, Kose John, and Joseph Williams, "Efficient Signaling with Dividends and Investments", *Journal of Finance*, Vol. 42, 1987.

[95] Angeldorff, Novikov, "Agency Costs: Ownership Concentration's Influence over Dividend Levels An Empirical Study of the Stock Market 1990 - 1997", *Unpublished Master's Thesis in Finance Stockholm School of Economics*, 1999.

[96] Auerbach, A., J., "Share Valuation and Corporate Equity Policy", *Journal of Public Economics*, Vol. 11, 1979a.

[97] Auerbach, A., J., "Wealth Maximization and The Cost of Capital", *Quarterly journal of economics*, Vol. 94, 1979b.

[98] Auerbach, Alan J. and Kevin A. Hassett, "On The Marginal Source of Investment Finance", *Journal of Public Economics*, Vol. 87, 2003.

[99] Baghat S., "The Effect of Management's Choice between Negotiated and Competitive Offerings on Shareholders Wealth", *Journal of Financial Quantitative Analysis*, Vol. 21, 1986.

[100] Baker H. Kent, Gail E. Farrelly and R. B. Edelman, "A Survey of Management Views on Dividend Policy", *Financial Manafement*, Vol. 14, 1985.

[101] Baker H. Kent and Gail E. Farrelly, "Dividend Achievers: a Behavior Look", *Akron Business and Economic Review*, Vol. 19, January1988.

[102] Baker, M., and J. Wurgler, "Market Timing and Capital Structure", *Journal of Finance*, Vol. 5, 2002.

[103] Baker, M., J. Stein, and J. Wurgler, "When Does the Market Matter? Stock Prices and the Investment of Equity - Dependent Firms", *Quarterly Journal of Economics*, Vol. 118, 2003.

[104] Baker, M. and Wurgler, J., "A Catering Theory of Dividends", *The Journal of Finance*, Vol. 3, 2004a.

[105] Baker, M. and Wurgler, J., "Appearing and Disappearing Dividends: The Link to Catering Incentives", *Journal of Financial Economics*, Vol. 73, 2004b.

[106] Benartzi, S., Michaely R., and Thaler, R., "Do Changes in Dividend Signal: The Future or The Past", *Journal of Finance*, 1997.

[107] Bar-Yosef S. and L. Huffman, "The Information Content of Dividends: A Signaling Approach", *Journal of Financial and Quantitative Analysis*, Vol. 21, January 1986.

[108] Berle, Adolf A., Jr. and Gardner C. Means, *The Modern Corporation and Private Property*, New York: Macmillan, 1932.

[109] Bhattacharya, "Imperfect Information, Dividend Policy and the Bird in the Hand", *Fallacy, Bell Journal of Economics and Management Science*, Vol. 10, 1979.

[110] Bhattacharya, "Nondissipative signaling Structure and Dividend Police", *Quarterly Journal of Economics*, Vol. 8, 1980.

[111] Black, F. and Seholes, M., "The Effects of Dividend Yield and Dividend Policy on Common Stock Prices and Returns", *Journal of Financial Economics*, 1974.

[112] Bradford, David, "The Incidence and Allocation Effects of a Tax on Corporate Distributions", *Journal of Public Economics*, Vol. 15, 1981.

[113] Brennan, Michael J., "Taxes, Market Valuation and Corporate financial", *National Tax Journal*, Vol. 23, 1970.

[114] Bushee, B., "The Influence of Institutional Investors on Myopic R&D Investment Behavior", *The Accounting Review*, Vol. 73, 1998.

[115] Claessens, S., S. Djankov, and H. P. Lang, "The Separation of

Ownership and Control in East Asian Corporations", *Journal of Financial Economics*, Vol. 58, 2000.

[116] Claessens S., Djankov S. Fan J. P. H. and Lang L. H. P., "Disentangling The Incentive and Entrenchment Effcts of Large Shareholding", *The Journal of Finance*, Vol. 57, 2002.

[117] Cronqvist Henrik, Mattias. Nilsson, "Agency Costs of Controlling Minority Shareholders", *Working Paper Series in Economics and Finance*, No. 364, 2000.

[118] Crutchley, R. Hansen, "A Test of Agency Theory of Managerial Ownership, Corporate Leverage and Corporate Dividends", *Financial Manegement*, Vol. 18, 1989.

[119] Darling, P. G., "The Influence of Expectations and Liquidity on Dividend Policy", *Journal of Political Economy*, Vol. 65, March 1957.

[120] DeAngelo, Harry, Linda DeAngelo and Douglas Skinner, "Reversal of Fortune: Dividend Policy and The Disappearance of Sustained Earnings Growth", *Journal of Financial Economics*, Vol. 40, 1996.

[121] Dewenter, K. and V. warther, "Dividends, Asymmetric Information and Agency Conflicts: Evidence from a Comparison of the Dividend Policies of Japanese and U. S. firms", *Journal of Finance*, Vol. 53, 1998.

[122] Dhrymes, P. J. and Kurz, M., "On the Dividend Policies of Electric Utilities", *The Review of Economic and Statistics*, Vol. 46, January1964.

[123] Dyck A. and Zingales L., "Private benefit of control: an international comparison", *Journal of Finance*, Vol. 59, February2004.

[124] Easterbrook, Frank, "Two Agency Cost Explanation of Dividends", *American Economic Review*, Vol. 74, 1984.

[125] Elton E. J. and M. J. Griber, "Marginal Stockholders, Taxes and

The Clientele Effect", *Review of Economics and Statistics*, Vol. 2, 1970.

[126] Faccio, Mar, Larry Lang H. P. and Leslie Young, "Dividends and Expropriation", *American Economic Review*, Vol. 91, 2001.

[127] Faccio, M., and H. P. Lang, "The Ultimate Ownership of Western European Companies", *Journal of Financial Economics*, Vol. 65, 2002.

[128] Fama E. F., Babiak H., "Dividend policy of individual firms: an empirical nalysis", *Statistic Associatiom*, Vol. 69, 1986.

[129] Farrar, Donald Eugene, Selwyn, Lee Lawrence, "Taxes, Corporate Financial Policy and Return to Investors", *Working Paper (Sloan School of Management)*, 1967.

[130] Fluck, Zsuzsanna, "Optimal financial contracts: Debt versus outside equity", *Review of Financial Studies*, Vol. 11, 1998.

[131] Frankfurter, George M., and William R. Lane, "The Rationality of Dividends", *International Review of Financial Analysis*, Vol. 1, February 1992.

[132] Gordon, M., "The Investment, Financing, and Valuation of the Corporation", *Richard D. Irwin, Homewood, IL*, 1961.

[133] Gordon, M., "The Savings, Investment and Valuation of A Corporation", *Review of Economics and Statistics*, Vol. 44, 1962.

[134] Green, R., C., and B. Hollifield, "The Personal - Tax Advantages of Equity", *Journal of Financial Economics*, Vol. 67, 2003.

[135] Grossman, S. J. and O. D. Hart, "Takeover Bids, the Free - Rider Problem, and the Theory of the Corporation", *Bell Journal of Economics*, Vol. 11, 1980.

[136] Gugler, K. and B. Yurtoglu, "Corporate governance and dividend payout policy in Germany", *University of Vienna Working Paper Series*, 2001.

[137] Gugler, K. and B. Yurtoglu, "Corporate Governance and Dividend

Payout in Germany", *University of Vienna*, *Working Paper*, 2002.

[138] Gugler, K., "Corporate Governance, Dividend Payout Policy, and The Interrelation between Dividends, and Capital Investment", *Journal of Banking and Finance*, Vol. 27, 2003.

[139] Hakansson, N. H., "To or Not to Pay Dividends", *Journal of Finance*, Vol. 37, February 1982.

[140] Hansen, R., and P. Torregrosa, "Underwriter Compensation and Corporate Monitoring", *Journal of Finance*, Vol. 47, April 1992.

[141] Helen Short, Hao Zhang, Kevin Keasey, "The Link between Dividend Policy and Institutional Ownership", *Journal of Corporate Finance*, Vol. 8, 2002.

[142] Jain, Bharat A., Omesh Kini, "On Investment Banker Monitoring in the New Issue Market", *Journal of Banking & Finance*, Vol. 23, 1999.

[143] Jensen, Michael, "Agency Cost of Free Cash Flow, Corporate Finance and Takeovers", *American Economic Review*, Vol. 76, 1986.

[144] John, Kose and Joseph Williams, "Dividends, Dilution and Taxes: A Signal Equilibrium", *Journal of Finance*, Vol. 40, 1985.

[145] Kahneman D., Tversky A., "Intuitive prediction: Biases and Corrective Procedures In D. Kahneman, P. Slovic, and A. Tversky, (eds) Judgement Under Uncertainty: Heuristics and biases", Cambridge, England, Cambridge University Press, 1982.

[146] Kalay, A., "The Ex–Dividend Day Behavior of Stock Prices: A Re–Examination of the Clientele Effect", *Journal of Finance*, Vol. 37, 1982.

[147] Kale, Jayant R., and Thomas H. Noe, "Risky Debt Maturity Choice in a Sequential Game Equilibrium", *Journal of Financial Research*, Vol. 13, 1990.

[148] Kumar P., "Shareholder–manager Conflict and The Information

Content of Dividends", *Review of Financial Studies*, Vol. 1, 1988.

[149] Kwan, C., "Efficient Market Tests of The Informational Content of Dividend Announcements: Critique and extensions", *Journal of Financial and Quantitative Analysis*, Vol. 16, February 1981.

[150] Lan Garrett and Priestley, R., "Dividend Behavior and Dividend Signaling", *Journal of Financial and Quantitative Analysis*, Vol. 35, 2000.

[151] Lang, Larry H. P. and Litzenberger, R. H., "Dividend Announcements: Cash Flow Signaling vs. Free Cash Flow Hypothesis?", *Journal of Financial Economics*, Vol. 24, 1989.

[152] La Portar, Lopez-de-Silanes, Shleifer A, et al., "Law and Finance", *Journal of Political Economy*, Vol. 106, No. 6, January 1998.

[153] La Porta, R., Lopez-de-Silanes, F., Shleifer, A., "Corporate Ownership around The World", *Journal of Finance*, Vol. 54, 1999.

[154] La Porta, R., Lopez-de-Silanes, F., Shleifer, A. and Vishny, R., "Agency Problems and Dividend Policies around the World", *Journal of Finance*, Vol. 55, 2000.

[155] La Porta, R., Lopez-de-Silanes, F., Shleifer, A. and Vishny, R., "Investor Protection and Corporate Valuation", *Journal of Finance*, Vol. 57, 2002.

[156] Lee, C. J., X. Xiao, "Cash Dividends and Large Shareholder Expropriation in China", *Working Paper*, Tsinghua University, 2002.

[157] Lins K. V., "Equity Ownership and Firm Value in Emerging Markets", *Journal of Financial and Quantitative Analysis*, Vol. 38, 2003.

[158] Lintner, J., "Distribution of Incomes of Corportions among Dividends, Retained Earning, and Taxes", *American Economic Re-*

view, Vol. 46, 1956.

[159] Lucianamancinelli and Aydinozkan, "Ownership Structure and Dividend Policy: Evidence from Italian Firms", *The European Journal of Finance*, Vol. 3, 2006.

[160] Makhija, K. and Thompson, H., "Some Aspects of Equilibrium for a Cross – Section of Firms Signaling Profitability with Dividends: A Note", *The Journal of Finance*, Vol. 41, 1986.

[161] Maury B. C. and Anete Pajuste, "Controlling Shareholders, Ageney Problems and Dividend Policy in Finland", *LTA*, No. 2, 2002.

[162] Merton H. Miller and Franco Modigliani, "Dividend Policy, Growth, and The Valuation of Shares", *The Journal of Business*, Vol. 34, April 1961.

[163] Mervyn King, *Public Policy and The Corporation*, London: Chapman and Hall, 1977.

[164] Michaely, R., "Ex – Dividend Day Stock Price Behavior: The Case of 1986 Tax Reform Act", *Journal of Finance*, Vol. 46, 1991.

[165] Miller, M. H. and Scholes, M. S., "Dividends and Taxes", *Journal of Financial Economics*, Vol. 6, 1978.

[166] Miller M. H., "Can Management Use Dividends to Influence the Value of the Firm?", *In the Revolution in Corporate Finance*, 1987.

[167] Miller, Merton and Kevin Rock, "Dividend Policy under Asymmetric Information", *Journal of Finance*, Vol. 40, 1985.

[168] Modigliani, Franco and Merton Miller, "The Cost of Capital, Corporation Finance and the Theory of Investment", *American Economic Review*, Vol. 48, 1958.

[169] Moh'd, M. A., Perry, L. G., & Rimbey, J. N., "An Investigation of The Dynamic Relationship between Agency Theory and

Dividend Policy", *Financial Review*, Vol. 30, 1995.

[170] Ofer, Aharon R., and Anjan V. Thakor, "A Theory of Stock Response to Altenative Corporate Cash Disbursements Method: Stock Repurchases and Dividends", *Journal of Finance*, Vol. 42, 1987.

[171] Renneboog, L. D. R. & Trojanowski, G., "Patterns in Payout Policy and Payout Channel Choice of UK Firms in the 1990s", *Discussion Paper* 2005 – 002, Tilburg University, Tilburg Law and Economic Center, 2005.

[172] Renneboog, L., Trojanowski, G., "Patterns in Payout Policy and Payout Channel Choice", *Journal of Banking and Finance*, Vol. 35, 2011.

[173] Rodriguez, "Quality Dispersion and The Feasibility of Dividends As Siganals", *Journal of Financial Research*, Vol. 15, April 1992.

[174] Ross S. A., "The Determination of Financial Structure: The Incentive – Signaling Approach", *The Bell Journal of Economics*, Vol. 1, 1977.

[175] Rozeff, "Growth, Beta and Agency Costs as Determinants of Dividend Payout Ratios", *Journal of Financial Research*, 1982.

[176] Shefrin Hersh and Meir Statman, "Explaining Investor Preference for Cash Dividends", *Journal of Financial Economics*, Vol. 13, 1984.

[177] Shiller, R. J., "Market Volatility and Investor Behavior", *American Economic Review*, Vol. 80, 1989.

[178] Shleifer, A. and Vishny, R. W., "Large Shareholders and Corporate Control", *Journal of Political Economy*, Vol. 94, 1986.

[179] Smith Jr., C., "Investment Banking and the Capital Acquisition Process", *Journal of Financial Economics*, Vol. 15, 1986.

[180] Spence, A. M., "Job Market Signaling", *Quarterly Journal of Economics*, Vol. 3, 1973.

[181] Spence, A. M., *Market Signaling: Information Transfer in Hiring and Related Processes*, Cambridg: Harvard University Press, 1974, pp. 1 – 221.

[182] Talmor, E., "Asymmetric Information, Signaling, and Optimal Corporate Financial Decisions", *Journal of Financial and Quantitative Analysis*, Vol. 16, 1981.

[183] Thaler H. Richard, "Toward a Positive Theory of Consumer Choice", *Journal of Economic Behavior and Organization*, Vol. 1, 1980.

[184] Thaler H. Richard, Shefrin H. M., "An Economic Theory of Self – Control", *Journal of Political Economy*, 1981.

[185] Thanh Truong, Richard Heaney, "Largest Shareholder and Dividend Policy around The World", *The Quarterly Review of Economics and Finance*, Vol. 47, 2007.

[186] Turnovosoky, S. J., "Allocation of Profits between Dividends and Retained Earnings", *The Review of Economics and Statistics*, Vol. 49, April 1967.

[187] Wei Li and Erik Lie, "Dividend Changes and Catering Incentives", *Journal of Financial Economics*, Vol. 80, February 2006.

[188] Zeckhauser, R. J., and Pound, J., "Are Large Shareholder Effective Monitors? An Investigation of Share Ownership and Corporate Performance", *In R. Glenn Hubbard (ed), Asymmetric Information, Corporate Finance and Investment*. Chicago: University of Chicago Press, 1990.

后　　记

2015年，经过不懈的努力我获得了管理学博士学位，回首多年的学习和生活经历，心酸却也备感充实。正是得益于博士学习经历和过程，我在导师的指导下，开启了个人学术研究的新起点，此后我在学术研究上的每一次的进步都得益于他的教诲与鞭策。杨老师以严谨学风和宽厚仁慈的胸怀让我在学习和生活中都受益匪浅，没有杨老师对我的鼓励，我很难想象自己能否坚持完成博士学习生涯，又能否完成本书的写作和出版。因此，在本书出版之际，我首先要以最诚挚的心意向杨老师表达我的感激之情。

本书是在我的博士论文的基础上修改完成的，在撰写过程中，我得到了来自老师、同学、同事和家人的大力帮助。一要感谢石河子大学经济与管理学院的白俊老师，为我在课题的设计和研究思路方面提供了指导，使我在本书的修改过程中得以产生新的想法和思路。同时，感谢王生年教授、李万明教授、刘俊浩教授、龚新蜀教授和张红丽教授，他们在本书体系的调整和论文撰写的细节处理方面都给予我耐心的指导。二要感谢一起奋斗的同学们。特别是感谢我的师姐，石河子大学经济与管理学院的强锦老师，为我收集数据，为我提供文献，给我积极的建议，使本书的完成拥有了翔实的数据支撑。三要感谢我德州学院的同事们，他们在本书的撰写过程中，帮助我解决数据更新问题、书稿排版难题，使我的书稿能在有限时间内如期完成。四要谨以此书献给我挚爱的双亲和我的家人。年老的父母在自己身体状况不好的情况下，始终坚持鼓励我，关怀我的身体，督促我以严谨的态度认真撰写，每每想起无法陪伴老人于左右，都甚感愧疚。唯愿他们身体健康，心情愉快。也要感谢我的爱人，在我忙碌于写作时，承担了照顾孩子和照顾两家老人的责任。也感谢我可爱的儿子，总是在我碰到难题时，给我充满爱的拥抱并懂事地处理好自己的学习和生活，让我在一个个难题面前能继续开心地走下去。

  本书的完成，凝结了太多人的心血，我将站在这一新起点上，在未来的漫漫学术路上，砥砺前行，不断创新。